FACHBUCHREIHE
für wirtschaftliche Bildung

W0335873

Steuerlehre

Lösungen

24. überarbeitete Auflage

Huber-Jilg
Lutz

VERLAG EUROPA-LEHRMITTEL
Nourney, Vollmer GmbH & Co. KG
Düsselberger Straße 23
42781 Haan-Gruiten

Europa-Nr.: 78319

Peter Huber-Jilg	Dipl.-Hdl.	München
Karl Lutz	Dipl.-Finw.	Ulm

Lektorat:
Karl Lutz

Die Währungseinheit ist grundsätzlich der EURO, wenn keine andere Angabe erfolgt.

24. Auflage 2021

Druck 5 4 3 2 1

Alle Drucke derselben Auflage sind parallel einsetzbar, da sie bis auf die Behebung von Druckfehlern identisch sind.

ISBN 978-3-7585-7200-5

http://www.europa-lehrmittel.de
Umschlaggestaltung, Satz, Grafik und Layout: tiff.any GmbH, 10999 Berlin
Umschlagfoto: © Tiberius Gracchus – Fotolia.com
Druck: Plump Druck & Medien GmbH, 53619 Rheinbreitbach

1 Grundlagen des Allgemeinen Steuerrechts

Übungen zu 1.1 – 1.3.4

1 fiskalische Ziele: z. B. Einnahmeerzielung
verteilungspolitische Ziele: z. B. Umverteilung von Einkommen und Vermögen
wirtschafts- und finanzpolitische Ziele: z. B. Konjunkturförderung, Stärkung des Wettbewerbs, Strukturverbesserung
ökologische Ziele: Umweltschutz, Energieeinsparung

2 Steuern, Gebühren, Beiträge, Kredite, wirtschaftliche Tätigkeiten

3 Merkmale einer Steuer:
- Geldleistung
- keine direkte Gegenleistung für Leistung des Staates
- erhoben von öffentlich-rechtlichem Gemeinwesen
- allen auferlegt, welche die im Gesetz genannten Tatbestände erfüllen
- Zweck: z. B. Einnahmeerzielung

4

Umsatzsteuer	243,255 Mrd.	
Lohnsteuer	219,660 Mrd.	
Einkommensteuer	63,711 Mrd.	
Gewerbesteuer	55,400 Mrd.	
Energiesteuer	40,683 Mrd.	
Körperschaftsteuer	32,013 Mrd.	
	654,732 Mrd.	= 81,91 %

Steuereinnahmen insgesamt: 799,3 Mrd. = 100,00 %

5
a) steuerliche Nebenleistung
b) Beitrag
c) Verwaltungsgebühr
d) Beitrag
e) Steuer
f) steuerliche Nebenleistung
g) Benutzungsgebühr
h) Verwaltungsgebühr
i) Benutzungsgebühr
j) steuerliche Nebenleistung
k) Steuer

6 Steuerquote: Erhöhung um 1,1 Prozentpunkte
Sozialabgabenquote: Erhöhung um 7,1 Prozentpunkte

Übungen zu 1.4

1
a) Einnahmen Bund, Länder, Gemeinden steigen.
b) Einnahmen Bund, Länder sinken.
c) Einnahmen Bund sinken.
d) Einnahmen Gemeinde sinken, wegen fehlender Umlage auch Einnahmen von Bund und Ländern.
e) Einnahmen Bund, Länder, Gemeinden sinken.

Übungen zu 1.4

2 indirekte Steuern 1970: 36,560 Mrd. €: ~ 60 Mio. = 609,38 €/Einwohner
indirekte Steuern 2019: 358,086 Mrd. €: ~ 83 Mio. = 4.314,29 €/Einwohner

3 Die indirekten Steuern erhöhen die Verbraucherpreise. Dadurch entsteht möglicherweise eine Kaufzurückhaltung, die zu einer Schwächung der Binnenkonjunktur und somit zu verminderten Steuereinnahmen führt.

4 a) aktivierungspflichtige Steuer (erhöht die Ak für das Grundstück)
b) Betriebsausgabe (Aufwand)
c) keine abziehbare Betriebsausgabe, § 4 (5 b) EStG
d) durchlaufender Posten, sofern der Gewinn nicht nach § 4 (3) EStG ermittelt wird
e) Betriebsausgabe (Aufwand)
f) Betriebsausgabe (Aufwand) steuerliche Nebenleistung zur Abzugsteuer
g) private Steuer, bei Zahlung über betri ebliches Bankkonto = Privatentnahme

Übungen zu 1.5

1 a) Bund
b) Bund
c) Länder/Gemeinde
d) Bund
e) Bund
f) Bund
g) Länder
h) Bund
i) Bund
j) Bund
k) Bund
l) Bund

2 a) Erbschaft-, Gewerbe-, Einkommensteuer
b) Umsatz-, Versicherungs-, Feuerschutz-, Grunderwerbsteuer, Zölle, Maut
c) Bier-, Tabaksteuer; örtl. Verbrauch- und Aufwandsteuer = Hundesteuer

3 a) Bundestag, Bundesrat, Länderparlamente
b) Bundesregierung, Landesregierungen
c) übergeordnete Verwaltungsbehörden

4 a) verbindlich für Bürger, Gerichte, Verwaltung
b) verbindlich für die streitenden Parteien
c) verbindlich für die Finanzämter

5 a) § 25 (3) EStG, § 56 EStDV
b) spätestens 5 Monate nach Ablauf des Veranlagungsjahrs, § 149 (2) AO
c) Wohnsitzfinanzamt, § 19 (1) AO
d) § 19 (3) Nr. 2 BewG
e) § 25 UStG

Übungen zu 1.6

1 a) Bundesminister der Finanzen
b) Gemeinde
c) Bundeszentralamt für Steuern
d) Oberfinanzdirektion
e) Bundeszentralamt für Steuern
f) Hauptzollämter
g) Steueramt der Gemeinde/Stadt

2 a) Veranlagungsstelle ESt
b) Veranlagungsstelle USt
c) Veranlagungsstelle ESt
d) Erbschaftsteuerstelle
e) Grunderwerbsteuerstelle
f) Geschäftsstelle

3 a) Steuerfälle sind intensiv zu prüfen, wenn
- dies generell oder im Einzelfall angeordnet wird;
- sie dazu maschinell ausgewählt wurden;
- sich Zweifelsfragen von erheblicher steuerlicher Bedeutung ergeben.

b) Angaben sind schlüssig, wenn
- sie vollständig sind;
- die vorgetragenen Tatsachen die begehrte Rechtsfolge eintreten lassen.

Angaben sind glaubhaft, wenn die überwiegende Wahrscheinlichkeit für das Vorliegen des Sachverhalts spricht.

c) Steuern sind unter dem Vorbehalt der Nachprüfung festzusetzen, wenn die Bearbeitung eines Falls nicht zeitnah abgeschlossen werden kann und dies erhebliche steuerliche Auswirkungen hätte, § 164 AO.

Übungen zu 1.7

1 a) zulässig, § 42 b (1) EStG
b) nicht zulässig, § 5 StBerG
c) nicht zulässig, § 4 Nr. 11 StBerG
d) zulässig, § 4 Nr. 1 StBerG
e) unzulässig, § 5 StBerG

2 mit der beruflichen Tätigkeit
a) vereinbar, § 57 (3) Nr. 4 StBerG
b) vereinbar, § 57 (4) StBerG
c) vereinbar, § 57 (3) Nr. 5 StBerG
d) nicht vereinbar, § 57 (4) Nr. 1 StBerG

2 Umsatzsteuer

Übung zu 2.1.3

	Z	→	M	→	G		E	→	K
Netto:		1.200,00		2.100,00		2.400,00		2.200,00	
+ USt:		228,00		399,00		456,00		418,00	
Brutto:		1.428,00		2.499,00		2.856,00		2.618,00	
Zahllast:									
USt:	228,00		399,00		456,00		418,00		
./. VSt:	0,00		228,00		399,00		456,00		
Zahllast	228,00		171,00		57,00		./. 38,00		

Die vom Kunden gezahlte USt in Höhe von 418,00 setzt sich zusammen aus der

	Zahllast	bzw. Erstattung von
Z	228,00	
M	171,00	
G	57,00	
E		38,00
	456,00	38,00
		= 418,00.

Fall 1

a)	Einfuhr	(Indien = Drittland)
b)	Lieferungen	
c)	Lieferung	(auch außerhalb des Ladengeschäftes)
d)	innergemeinschaftlicher Erwerb	(Spanien = EU-Land)
e)	Lieferung	(auch bei verbilligter Warenabgabe)
f)	keine USt-liche Leistung	(Vermietung Wohnmobil als Privatperson)
g)	innergemeinschaftlicher Erwerb	(Österreich = EU-Land)
h)	sonstige Leistung	(Vermietungsleistung)

Übung zu 2.2

	Umsatzart	**Steuerbarkeit**
1	Lieferung (Batterie) und sonstige Leistung (wechseln)	ja
2	sonstige Leistung	ja
3	Lieferung	nein, Bock ist nicht als Unternehmer tätig
4	innergemeinschaftlicher Erwerb	ja
5	Lieferung	nein, Kämmer liefert nicht im Rahmen seines Unternehmens
6	Lieferung	ja, Umsatz durch gesetzliche/behördliche Anordnung
7	sonstige Leistung	ja
8	Einfuhr	ja

Übung zu 2.3.1.1

Hauptleistung	**Nebenleistung (Verkauf an Endverbraucher)**
Betonestrich	Paletten (Transporthilfsmittel)
Formsteine	Anfahrkosten (Transport)
Fliesen	
Fliesenkleber	

Fall 2

Mit Verschaffung der Verfügungsmacht (Befähigung, wie ein Eigentümer über die Anlage verfügen zu können) mit der Übergabe der Anlage an Funk.

Übungen zu 2.3.1.3

	Beförderung/Versendung?	Ort der Verschaffung der Verfügungsmacht
1	Versendung	Hamburg
2	Nein (rechtsgeschäftsloses Verbringen)	ohne
3	Beförderung	Bonn
4	Beförderung	Wetzlar
5	Versendung	Düsseldorf

Übung zu 2.3.1.3 u. 2.3.1.4

1)	Agenturgeschäft	sonstige Leistung (Vermittlung) durch H
2)	Kommissionsgeschäft	H ist Verkaufskommissär Lieferung von H i.e.N.a.f.R.
3)	Beförderungslieferung	
4)	Umtausch	nur eine Lieferung von H
5)	Tausch mit Baraufgabe	Lieferung von H
6)	keine Lieferart	noch keine Verschaffung der Verfügungsmacht infolge der Bestellung
7)	sonstige Leistung	Vermietung ist eine sonstige Leistung
8)	keine Lieferung	rechtsgeschäftsloses Verbringen von H
9)	tauschähnlicher Umsatz	H erbringt eine sonstige Leistung (Anbringen der Werbeaufkleber)
10)	Lieferung	Lieferung in ein EU-Land (= innergemeinschaftliche Lieferung)
11)	sonstige Leistung	H erbringt eine Vermietungsleistung
12)	Lieferung	Veräußert werden Gegenstände

Fall 3

a) steuerbare unentgeltliche Gegenstandszuwendung anderer Art nach § 3 (1 b) Nr. 3 zur Verkaufförderung/Werbung – Wert 199,00 je Kunde
b) Keine steuerbare Gegenstandszuwendung durch den Unternehmer an Personal, da beim Kauf kein Vorsteuerabzug möglich war, UStAE 15.15 (1)
c) steuerbare Gegenstandszuwendung anderer Art nach § 3 (1 b) Nr. 3 – Wert 550,00
d) steuerbare Gegenstandszuwendung anderer Art nach § 3 (1 b) Nr. 3 – Wert 320,00
e) nicht steuerbare Aufmerksamkeit an Personal – Wert ≤ 60,00
f) nicht steuerbar – Gegenstand ohne Wert wird überlassen
g) nicht steuerbare unentgeltliche Gegenstandszuwendung anderer Art nach § 3 (1 b) Nr. 3 für unternehmerischen Zweck (Verkaufsförderung); jedoch Geschenk/Warenmuster mit geringem Wert
h) nicht steuerbar, da beim Einkauf kein Vorsteuerabzug (vgl. § 3 (1 b) S. 2, UStAE, 15.2 b (2) Satz 5)

Fall 4

Der Grundstückserwerb stellt eine Lieferung (unbewegliche Sache) vom Verkäufer an den Käufer dar, die nicht mit einer Beförderung/Versendung verbunden ist.
Der Ort der Lieferung befindet sich dort, wo sich der Gegenstand zum Zeitpunkt der Verschaffung der Verfügungsmacht befindet.

a) Eupen (Belgien) = nstb ⇒ Standort des Geschäftshauses
b) Eschweiler (D) = steuerbar ⇒ Lageort des unbebauten Grundstückes

Übungen zu 2.3.1.6

	Ort der Lieferung	Steuerbarkeit
1)	Dortmund	ja
2)	Saarbrücken	ja
3)	Bautzen	ja
4)	keine Lieferung = rechtsgeschäftsloses Verbringen	nein

5 a) F ist Lieferer der Fenster. In diesem Fall liegt jedoch keine (reine) Beförderungslieferung von F vor, da die Leistung des F neben der Herstellung und Anlieferung auch noch den Einbau der Fenster umfasst.
Ort der Lieferung ist Riesa, da die Verschaffung der Verfügungsmacht (Übergabe der eingebauten Fenster) auf der Baustelle in Riesa erfolgt; → *steuerbar.*
b) F führt in diesem Falle umsatzsteuerlich überhaupt keine Leistung aus. Da mit Beginn der Beförderung (Transportbeginn ab Werk Dresden) kein Abnehmer feststeht, liegt der Tatbestand des rechtsgeschäftslosen Verbringens vor; → *nicht steuerbar.*
c) Da F eine **unentgeltliche** Lieferung ausführt, gelten für die Ortsbestimmung der Lieferung die Regeln des § 3 (6) + (7).
Ort der Lieferung ist Riesa, dort, wo sich der Gegenstand zum Zeitpunkt der Verschaffung der Verfügungsmacht befindet; → *steuerbar.*

Übungen zu 2.3.1.2 bis 2.3.1.7

1
a) Lieferung
b) sonstige Leistung
c) Lieferung
d) Lieferung
e) sonstige Leistung
f) Lieferung
g) Lieferung
h) sonstige Leistung
i) sonstige Leistung
j) sonstige Leistung
k) Lieferung
l) sonstige Leistung
m) sonstige Leistung
n) Lieferung
o) Lieferung

2
a) Lieferung
b) sonstige Leistung
c) keine Leistung (Entgeltsentrichtung ohne wirtschaftliches Ziel)
d) Lieferung
e) Lieferung
f) sonstige Leistung (Vermietung)
g) sonstige Leistung (Werbung)
h) Lieferung
i) sonstige Leistung (vorzeitige Mietvertragsauflösung = Unterlassen)
j) sonstige Leistung
k) sonstige Leistung (Übertragung von Urheberrechten)
l) Lieferung
m) sonstige Leistung
n) sonstige Leistung

3

Leistung von	Lieferung	Sonstige Leistung in Form Tun	Dulden	Unterlassen	keine Leistung	steuerbar
Lottogesellschaft					✘	nein
Steuerberater		✘				ja
Bank			✘			ja
Makler		✘				ja
Landwirt	✘					ja
Architekt		✘				ja
Baufirma	✘					ja
Wohnwelt	✘					ja
Glücklich			✘			ja

Fall 5

	steuerbare unentgeltliche Wertabgabe?	Begründung
a)	ja, § 3 (9 a) Nr. 1	Verwendung von Unternehmensgegenständen (Bagger) im Privatbereich des Personals
b)	Besuch der Baustellen – nein gelegentliche Privatfahrten – ja, § 3 (9 a) Nr. 1	unternehmerische Nutzung Verwendung für Privatfahrten unterliegt der USt-Besteuerung
c)	nein	unternehmerische Nutzung (betriebliche Fahrten)
d)	ja, § 3 (9 a) Nr. 1 § 3 (9 a) Nr. 2	– Verwendung von Unternehmensgegenständen im außerunternehmerischen Bereich (Lkw) – Einsatz von Arbeitskräften im außerunternehmerischen Bereich
e)	ea) nein eb) nein	Lkw- und Arbeitnehmereinsatz in beiden Fällen für unternehmerische Zwecke

Übungen zu 2.3.1.8

1 Steuerbare unentgeltliche sonstige Leistung, die einer sonstigen Leistung gegen Entgelt gleichgestellt wird, § 3 (9 a) Nr. 2 UStG i. V. m. § 1 (1) Nr. 1 UStG

2 Steuerbare unentgeltliche sonstige Leistung, die einer sonstigen Leistung gegen Entgelt gleichgestellt wird, § 3 (9 a) Nr. 2 UStG i. V. m. § 1 (1) Nr. 1 UStG

3 Steuerbar gemäß § 1 (1) 1 UStG i. V. m. § 3 (9 a) Nr. 1 UStG

4 20 % der gezahlten Miete für die Telefonanlage unterliegen als private Nutzung der USt, § 3 (9 a) Nr. 1. Die anteiligen Grund- und Gesprächsgebühren gehören nicht zur Bemessungsgrundlage, 3.4 (4) UStAE.

5 Ja, steuerbar gemäß § 1 (1) 1 UStG i. V. m. § 3 (9 a) Nr. 1 UStG

Fall 6

Ort der sonstigen Leistung	gemäß §§	Erläuterung
a) Kühlungsborn	3 a (2)	Leistung an einen Unternehmer **Grundregel 2** ist anzuwenden
b) Bad Doberan	3 a (3) Nr. 3 a	unterrichtende Leistung
c) Rostock	3 a (1)	Leistung an einen Nichtunternehmer – **Grundregel 1** ist anzuwenden
d) Rostock	3 a (3) Nr. 1 a	Belegenheitsort des Grundstückes

Übungen zu 2.3.1.9

1

a) Cuxhaven	– § 3 a (1)	= steuerbar
b) Basel	– § 3 a (4) Nr. 3	= nicht steuerbar
c) Kitzbühel	– § 3 a (3) Nr. 1 c	= nicht steuerbar
d) Oldenburg	– § 3 a (2)	= steuerbar
e) – Hamm bis dt. Grenze	– § 3 b (1)	= steuerbar
– dt. Grenze bis Bosnien	– § 3 b (1)	= nicht steuerbar
f) Luzern	– § 3 a (4) Nr. 10	= nicht steuerbar
g) München	– § 3 a (2)	= steuerbar

2

Art der Leistung	Ort der Leistung	Steuerbarkeit
a) Lieferung – § 3 (1)	Berlin – § 3 (6) S. 1	ja – § 1 (1) Nr. 1
b) sonstige Leistung – § 3 (9)	Kassel – § 3 a (1)	nein – kein Unternehmer/ keine Nachhaltigkeit
c) sonstige Leistung – § 3 (9)	Paris – § 3 a (2)	nein – Empfänger nicht im Inland
d) sonstige Leistung – § 3 (9)	Worms/Mannheim – § 3 b (1) S. 1	ja – § 1 (1) Nr. 1
e) sonstige Leistung – § 3 (9)	Zary – § 3 a (3) Nr. 1	nein – nicht im Inland
f) – Lieferung – § 3 (1)	Wilhelmshaven – § 3 (6)	ja – § 1 (1) Nr. 1
– Innenumsatz		nein
– Lieferung – § 3 (1)	Helgoland § 3 (6)	nein – nicht im Inland
g) sonstige Leistung – § 3 (9)	Trondheim – § 3 a (3) Nr. 3 a	nein – nicht im Inland
h) sonstige Leistung – § 3 (9)	Österreich – § 3 a (5)	nein – nicht Inland

(wenn die Umsatzgrenze von 10.000 € nicht überschritten wurde bzw. nicht optiert wurde – vgl. § 3 a Abs. 5 S. 3+4)

Fall 7

Werklieferung	Herstellung eines Gegenstandes (Erstellung eines Rohbaus) unter Verwendung der Hauptstoffe (Steine, Holz, Eisen, Beton usw.), die von der KG beschafft wurden.

Übung zu 2.3.1.10

	Werklieferung	Werkleistung
1		✘
2	✘	
3		✘
4		✘
5		✘
6	✘	
7		✘
8	✘ (Lieferung)	

Fall 8

Bauer ist als
Verkäufer in der Buchhandlung – kein Unternehmer (Angestellter)
a) Vermieter der Wohnung – Unternehmer
b) Autor – Unternehmer
c) Schatzmeister – kein Unternehmer (Tätigkeit als Mitglied des Vereins)

Übungen zu 2.3.2

1

Person-Unternehmereigenschaft	Person-Unternehmereigenschaft
a) Wiesenreiter = Unternehmer	Grundstücksgesellschaft = Unternehmer
b) Krumm = Unternehmer	Versicherungsgesellschaft = Unternehmer
c) Staub = kein Unternehmer	Städtische Müllabfuhr = kein Unternehmer
d) Lydia L. = Unternehmer	Tageszeitung = Unternehmer
e) Tennisverein = Unternehmer	Stadt = kein Unternehmer
f) Steuerberaterkammer = kein Unternehmer	Steuerfachangestellte = keine Unternehmer
g) Leichtfuß = Unternehmer	Heimelektronik GmbH = Unternehmer

zu c): Müllabfuhr ist eine hoheitliche Aufgabe der Stadt.
zu g): Leichtfuß wird durch die Veräußerung zum Unternehmer.

2
a) Hilfsgeschäft – i. R. d. Unternehmens
b) Grundgeschäft – i. R. d. Unternehmens
c) – nicht i. R. d. Unternehmen (Speiseservice = Privatbesitz)
d) Hilfsgeschäft – i. R. d. Unternehmens (vermietete Eigentumswohnung war Unternehmensteil; Veräußerung ist Hilfsgeschäft zur Vermietung)

Fall 9

a) sonstige Leistungen (Speisen und Getränke, ggf. auch Unterhaltung u. Ä.)
b) Die Insel Helgoland zählt zu den Drittlandsgebieten – kein Inland.
c) Die Preise der Getränkekarte enthalten keine USt.

Übung zu 2.3.3

	Geb. der BRD	Inland	Gem.geb.	übriges Gg.	Drittlandsgeb.
Oslo					✘
Hafen in Hamburg	✘	✘	✘		
Flughafen Tokio					✘
dt. Botschaft in Bern					✘
Insel Sylt	✘	✘	✘		
Freihafen Bremerhaven	✘				✘
Paris			✘	✘	
Insel Helgoland	✘				✘

Fall 10

Der Tatbestand des Leistungsaustausches ist nicht erfüllt.
Es liegt kein wirtschaftlicher Zusammenhang vor, weil die Leistung des L nicht auf den Erhalt der Gegenleistung des G gerichtet ist.

Fall 11

Juni 2021:
- Lieferung des Pkw-Händlers mit USt (= 3.515) an Privat
- Zahlung der USt durch den Händler an das FA

Dezember 2021:
- Pkw-Laufzeit = über 6 Monate; Fahrleistung = 5.678 km, ≤ 6.000 km

Folge:
- Pkw gilt als neues Fahrzeug nach § 1 b UStG;
- Lieferung erfolgt von einem EU-Land in ein anderes;
- O. Obermann tätigt eine innergemeinschaftliche Lieferung eines neuen Fahrzeuges, die in Deutschland steuerbar und steuerfrei ist;
- Die Schwester von Obermann tätigt einen steuerbaren und steuerpflichtigen innergemeinschaftlichen Erwerb in den Niederlanden; sie hat die niederländische USt auf den Betrag von 15.000,00 zu entrichten.

Fall 12

	Rechnungsausstellung durch Schluck OHG	**Steuerschuldner**	**Besteuerungsland**
a) Abholung durch Privat	mit USt, da steuerbar und steuerpflichtig	Schluck OHG	Deutschland
b) Lieferung an Unternehmer	ohne USt, da steuerbare und steuerfreie innergemeinschaftliche Lieferung	Getränkehändler in Metz (innergemeinschaftlicher Erwerb)	Frankreich
c) Lieferung an Privat	mit USt	Schluck OHG	Belgien

Übung zu 2.3

Dr. Mediner hat 2021 erstmals Gegenstände im Wert von 31.160,00 in einem anderen EU-Land gekauft. M zählt als Unternehmer zu den Erwerbern nach § 1 a (3) Nr. 1 a.
Nach § 1 a (3) Nr. 2 ist die Erwerbsschwelle zu prüfen. Diese gilt nach § 1 a (5) nicht für den Erwerb neuer Fahrzeuge und verbrauchsteuerpflichtiger Waren. Somit ist nur der Kauf der Einrichtungsgegenstände (= 9.700,00) für die Erwerbsschwelle zu berücksichtigen.
Mit diesem Betrag wird die Erwerbsschwelle von 12.500,00 nicht überschritten.
Der Kauf der Einrichtungsgegenstände von M unterliegt in Dänemark der dänischen USt.
Der Erwerb des neuen Fahrzeuges durch M unterliegt der Erwerbsbesteuerung in Deutschland; die Lieferung ist in Frankreich steuerfrei. M muß auf den Betrag von 21.200,00 deutsche USt (19 % = 4.028 €) bezahlen.
Zigarren sind verbrauchsteuerpflichtige Waren nach § 1 a (5) S. 2. Da der Kauf für private Zwecke erfolgte, liegt kein innergemeinschaftlicher Erwerb vor. Beim Kauf der Zigarren durch M ist in Luxemburg die luxemburgische USt zu bezahlen.

Übung zu 2.4.2.4

Der Maschinenbauer aus D erbringt eine steuerfreie ig-Lieferung an den ersten Abnehmer (österreichische Maschinenfabrik) in HU. Der ig-Erwerb des ersten Abnehmers i.S.d. § 3 d S. 2 in AT und i.S.d. § 3 d S. 1 in HU gelten mit der Übertragung der Steuerschuld auf den letzten Abnehmer (Kunde in HU) als besteuert. Die Rechnung an den Kunden in HU ist ohne USt zu stellen mit dem Hinweis auf die Steuerschuld des letzten Abnehmers, § 14 a (7).

Fall 13

a) steuerbar und steuerpflichtig in Deutschland (Ort = Trier gem. § 3 a (2) – Eckert ist als Vermieter Unternehmer)
   Steuerschuldner: Belgisches Speditionsunternehmen
b) steuerbar und steuerpflichtig in Belgien (Ort = Liege gem. § 3 b (3) – Eckert ist hier kein Unternehmer)

Fall 14

	Leistungsort	Steuerschuldner	Erläuterung
a)	Belgien § 3 a (2)	spanischer Unternehmer S	Das Umladen erfolgt durch einen weiteren Unternehmer (S). Auftraggeber/Leistungsempfänger ist der belgische Frachtführer B, der Unternehmer ist.
b)	Deutschland § 3 a (2)	spanischer Unternehmer S	Der Auftraggeber/Leistungsempfänger ist hier das deutsche Unternehmen.
c)	Deutschland § 3 a (2)	belgischer Frachtführer B	Der befördernde Unternehmer B führt das Umladen als Nebenleistung aus. Für das Umladen gilt die Ortsbestimmung der Beförderungsleistung (Sitzort des Leistungsempfängers).

Übungen zu 2.4

	Innergemeinschaftliche L./E.	Steuerbarkeit	Steuerpflicht	Steuerschuldner
1	ig-Lieferung ig-Erwerb	in Deutschland in Spanien	in Deutschland stfrei in Spanien stpfl.	spanische Kfz-Werkstatt
2	ig-Lieferung ig-Erwerb	in Luxemburg in Deutschland	in Luxemburg stfrei in Deutschland stpfl.	Gesundheitsamt in Köln
3	ig-Lieferung ig-Erwerb	in Irland in Deutschland	in Irland stfrei in Deutschland stpfl.	deutscher Einzelhändler

	Innergemeinschaftliche L./E.	Steuerbarkeit	Steuerpflicht	Steuerschuldner
4	keine ust-liche Lieferung	nein (Liefer ist kein Unternehmer)	–	–
5	nein	nstb. in Frankreich in Deutschland	in Deutschland stpfl.	französischer Konzern
6	ig-Lieferung ig-Erwerb	in Frankreich in Deutschland	in Frankreich stfrei in Deutschland stpfl.	Unternehmer in Saarbrücken
7	Beförde-rungleistg.	in Deutschland	in Deutschland stpfl.	Pforzheimer Spediteur
8	nein	in Deutschland	(Kleinunternehmer)	–
9	Beförderungs-leistg.	in Portugal in Deutschland nstb.	in Portugal stpfl.	Reederei
10 a	Lieferung	in Deutschland	in Deutschland stpfl.	belgisches Versandhaus
10 b	Lieferung	in Belgien	in Belgien stpfl.	belgisches Versandhaus

zu 2: Durch die Überschreitung der Erwerbsschwelle ist der Umsatz als innergemeinschaftliche Lieferung/Erwerb zu behandeln.
zu 3: innergemeinschaftliche Lieferung/Erwerb verbrauchsteuerpflichtiger Waren
zu 5: Leistungsempfänger ist ein Schwellenerwerber (Kleinunternehmer). Die Erwerbsschwelle wird nicht überschritten. Lieferer versteuert im Bestimmungsland, da die Lieferschwelle überschritten wird.
zu 7/9: innergemeinschaftliche Beförderungsleistung für Unternehmer (7) bzw. Nichtunternehmer (9)
zu 8: Kleinunternehmer erbringen steuerbare Umsätze, die aber nach § 1 a (3) Nr. 1 b keine innergemeinschaftliche Lieferung darstellen. Die USt wird nicht erhoben.

Übung zu 2.4.3

Nach § 18 a (8) ergibt sich: die Lösung gilt für a), b) und c)
a) spätestens zum 31.03. ➔ Ende des auf die ig-Lieferung folgenden Monats
b) spätestens zum 30.04.
c) spätestens zum 30.06.

Fall 15

Mieter	Optionsmöglichkeit	Erläuterung
EG – Friseursalon	ja	Vermietung an Unternehmer, der die Räume für sein Unternehmen nutzt, Mieter erzielt steuerpflichtige Umsätze.
1.OG – Tierarztpraxis	ja	Vermietung an Unternehmer, der die Räume für sein Unternehmen nutzt, Tierarzt führt steuerpflichtige Umsätze aus; § 4 Nr. 14 a gilt nur für die Humanmedizin.
2.OG – Wohnung Rechtsanwalt	nein	Vermietung an Unternehmer, der die Räume nicht für sein Unternehmen, sondern für private Zwecke (Wohnung) nutzt.
3.OG – Wohnung Rentner	nein	Vermietung an Nichtunternehmer (Privatperson)

Fall 16

a) Steuerbarkeit:
Lieferer ist ein Unternehmer, der im Rahmen seines Unternehmens gegen Entgelt liefert. Die Liefergegenstände gelangen durch Versendung zum Abnehmer; Ort der Lieferung ist Hamburg.
Folge: Die Lieferung ist nach § 1 (1) Nr. 1 steuerbar.

b) Steuerpflicht:
Der leistende Unternehmer versendet die Liefergegenstände auf die Insel Helgoland (= Drittlandsgebiet). Abnehmer ist ein Unternehmer.
Folge: Es handelt sich um eine Ausfuhrlieferung nach § 6 (1) Nr. 1, die nach § 4 Nr. 1 a steuerfrei ist.

Übungen zu 2.5.2.1

	Wer befördert bzw. versendet?	Bestimmungsort?	Abnehmer-eigenschaft	Entscheidung
1	leistender Unternehmer befördert	Drittland (Schweiz)	ausländischer (Schweizer) Abnehmer	steuerfreie Ausfuhrlieferung nach § 6 (1) Nr. 1
2	leistender Unternehmer versendet	Freihafen Bremerhafen	Unternehmer, Erwerb der Gegenstände für sein Unternehmen	steuerfreie Ausfuhrlieferung nach § 6 (1) Nr. 3
3 a)	leistender Unternehmer versendet	Drittland Weißrussland	inländischer Abnehmer Frau Schenkenberg	steuerfreie Ausfuhrlieferung § 6 (1) Nr. 1
b)	Abnehmer (Fr. Schenkenberg) versendet	Drittland Weißrussland	inländischer, privater Abnehmer (Fr. Schenkenberg)	keine steuerfreie Ausfuhrlieferung
4	Abnehmer befördert	Drittland (Norwegen)	ausländischer privater Abnehmer § 6 (2) Nr. 1	Die Lieferung ist eine steuerfreie Ausfuhrlieferung nach § 6 (3 a) Nr. 1. Für die steuerfreie Behandlung ist jedoch ein Ausfuhr- und Abnehmernachweis erforderlich. Bis dieser von der Grenzzollstelle vorliegt ist die Lieferung vom Unternehmer als stpfl. zu behandeln.
5	Abnehmer befördert	Drittland (Türkei)	inländischer, Abnehmer (Gastarbeiter sind keine ausländischen Abnehmer, 6.3 (3) Nr. 4 UStAE)	steuerbare und steuerpflichtige Lieferung

Fall 17

Vermietung = sonstige Leistung nach § 3 (9); Ort ist Chemnitz nach § 3 a (3) Nr. 1; steuerbar nach § 1 (1) Nr. 1 und steuerfrei nach § 4 Nr. 12

Optionsmöglichkeit nach § 9		**Erläuterung**
ja	**nein**	
	Außenstelle Sozialamt	Mieter ist kein Unternehmer (Sozialamt erfüllt hoheitliche Aufgaben).
Getränkehandel M. Müller		Mieter ist ein anderer Unternehmer (MFH gehört beiden Eheleuten), Nutzung für dessen Unternehmen zur Ausführung steuerpflichtiger Umsätze.
	Praxis Kinderarzt	Mieter ist ein Unternehmer, der die Räume für sein Unternehmen zur Erzielung steuerfreier Umsätze (§ 4 Nr. 14) nutzt. **Folge:** Option nicht möglich.
Rechtsanwaltspraxis		Mieter ist ein Unternehmer, der die Räume für sein Unternehmen zur Erzielung steuerpflichtiger Umsätze nutzt.
	Wohnung Fam. Müller	nicht steuerbar
	Wohnung Steuerberater	Mieter ist ein Unternehmer, der die Räume nicht für sein Unternehmen, sondern für Wohnzwecke nutzt.
Fotolabor des Sohnes der Fam. Müller		Mieter ist Unternehmer, der die Räume für sein Unternehmen nutzt; verbilligte Überlassung ist unbedeutend
	Wohnung Junggeselle	Mieter ist kein Unternehmer.

USt-Traglast: 2 Wohnungen zu je 550,00, 1 Wohnung zu 350,00
= 1.450,00 × 12 Monate = 17.400,00 × 19 % USt = 3.306,00

Übungen zu 2.5.2.3

1 Eine Option ist nur gegenüber der Steuerberaterkanzlei möglich, § 9 UStG. Daher kann auch nur ein Viertel der Vorsteuer aus der Dacheindeckung abgezogen werden, § 15 (1) UStG.

Bemessungsgrundlage für die USt 1.512,61, die USt-Traglast beträgt	287,39
Vorsteuer 19 % von 18.000,00 = 3.420,00, davon $\frac{1}{4}$ =	855,00
Umsatzsteuer-Erstattungsanspruch für Oktober	567,61

2

Nr.	Umsatzart §, Absatz, Nr.	Ort der Leistung §, Absatz, Nr.	Steuerbar §, Absatz, Nr.	Steuerfrei § und Nr.	Steuer-pflichtig Ja/Nein
a	So. Leistung § 3 (9)	Starnberg § 3 a (3) 1 a	Nein Innenumsatz	—	—

2

Nr.	Umsatzart §, Absatz, Nr.	Ort der Leistung §, Absatz, Nr.	Steuerbar §, Absatz, Nr.	Steuerfrei § und Nr.	Steuer-pflichtig Ja/Nein
b	So. Leistung § 3 (9)	Starnberg § 3 a (3) 1 a	Ja § 1 (1) 1	Nein	Ja
c	So. Leistung § 3 (9)	Starnberg § 3 a (3) 1 a	Ja § 1 (1) 1	Ja § 4 Nr. 12 a	Nein
d	So. Leistung § 3 (9)	Starnberg § 3 a (3) 1 a	Ja § 1 (1) 1	Ja § 4 Nr. 12 a	Nein

Fall 18

– Behandlung von Patienten	= steuerfrei nach § 4 Nr. 14
– Vorlesetätigkeit an Uni (= Lehrtätigkeit)	= steuerpflichtig, da nicht befreit USt: (10.200,00 × $\frac{19}{119}$) = 1.628,57
– Verkauf Röntgengerät (= Teil d. Praxiseinrichtung)	= steuerfrei nach § 4 Nr. 28
– Verkauf Pkw (= Hilfsgeschäft)	= steuerfrei nach § 4 Nr. 28
Traglast II. Quartal	**= 1.628,57**

Übungen zu 2.5.2.3 u. 2.5.2.4

1

Einnahmen aus	Steuerliche Behandlung	Einnahmen	USt (19/119)
ärztlicher Tätigkeit	steuerbar und steuerfrei nach § 1 (1) Nr. 1, § 4 Nr. 14	219.789,00	—
Vortrag	nicht steuerbar nach § 3 a (2) Nr. 3 a, da Ort der Leistung nicht im Inland (Wien)	3.200,00	—
EW 1	steuerbar und steuerfrei nach § 1 (1) Nr. 1, § 4 Nr. 12; keine Option möglich (Wohnung)	5.400,00	—
EW 2	steuerbar und steuerpflichtig nach § 1 (1) Nr. 1, § 9 (Option möglich)	7.200,00	1.149,58
EW 3	steuerbar und steuerfrei nach § 1 (1) Nr. 1, § 4 Nr. 12; keine Option möglich, da Leistungsempfänger steuerfreie Umsätze erzielt;	1.950,00	—
Verkauf EW 3	steuerbar und steuerfrei nach § 1 (1) Nr. 1, § 4 Nr. 9 a; keine Option möglich (Verkauf an Privat)	178.000,00	—
		USt-Traglast	**1.149,58**

2 Der Verkauf der Grundstücke durch die HAGRU ist eine steuerbare und steuerfreie Lieferung nach § 4 Nr. 9 a.
Erwerber sind verschiedene Unternehmen (Produktions- und Handelsbetriebe), die die Grundstücke für ihre Unternehmen nutzen.
Steuerfreie Umsätze nach § 4 Nr. 9 a sind nach den Bedingungen des § 9 (im vorliegenden Fall erfüllt) optierbar, so dass die HAGRU beim Verkauf der Grundstücke USt berechnen könnte.

3 a) Pachteinnahmen aus
- Gaststätte = steuerfrei nach § 4 Nr. 12
  Option nach § 9 möglich
- Bowlingbahn = steuerpflichtig nach § 4 Nr. 12 S. 2 (Betriebsvorrichtung)
- Privatwohnung = steuerfrei nach 4 Nr. 12
  Option nach § 9 nicht möglich (Wohnung)

b) Einnahmen aus
- Hotelzimmern = steuerpflichtig nach § 4 Nr. 12 S. 2 (kurzfristige Vermietung von Wohn- und Schlafräumen)
- Garagenvermietung = steuerpflichtig nach § 4 Nr. 12 S. 2 (Nebenleistung)

4

Umsätze/Einnahmen	**steuerbar**	**steuerfrei**	**steuerpflichtig**
Provisionseinnahmen	47.166,00	47.166,00 § 4 Nr. 11	—
Verkaufserlös privater Pkws	—	—	—
Honorar Vortragstätigkeit	1.570,00	—	1.570,00
Vergütung Übungsleiter Turnen	300,00	300,00 § 4 Nr. 26/28	—
Verkauf dienstlich genutzter PC	400,00	400,00 § 4 Nr. 11 (Hilfsgeschäft)	—
Einnahmen	360,00	—	360,00 § 4 Nr. 12 S. 2 (Abstellplätze für Fahrzeuge)
Summe	**49.796,00**	**47.866,00**	**1.930,00**

5

Leistungen durch K	**Steuerliche Behandlung**	**USt**
Fitnessstudio in Gelsenkirchen = sonstige Leistung § 3 (9)	steuerbar, § 1 (1) Nr. 1 und steuerpflichtig	98.991,60 (620.000,00 × $\frac{19}{119}$)
Sonnenstudio K.K. = sonstige Leistung § 3 (9)	steuerbar, § 1 (1) Nr. 1 und steuerpflichtig	58.596,64 (367.000,00 × $\frac{19}{119}$)
Vermietung in Bochum = sonstige Leistung § 3 (9) an:	**grundsätzlich:** steuerbar, § 1 (1) Nr. 1 und steuerfrei, § 4 Nr. 12;	—

5	Leistungen durch K	Steuerliche Behandlung	USt
	– Sonnenstudio K.K.	**im Einzelfall:** nicht steuerbar (Innenumsatz)	—
	– Zahnarzt	Leistungsempfänger erzielt nach § 4 Nr. 14 S. 4 b nicht ausschließlich steuerfreie Umsätze (Zahntechniker beschäftigt); **keine Option** nach § 9 (2) durch K möglich.	—
	– Büroräume Ersatzschule	Leistungsempfänger erzielt nach § 4 Nr. 21 nur steuerfreie Umsätze; **keine Option** nach § 9 möglich.	—
	– Büroräume Firma Baufix	Leistungsempfänger erzielt nach § 4 Nr. 9 a sowohl steuerfreie Umsätze (Verkauf der EFH), die nach § 9 nicht optierbar sind (Verkauf an Privat) als auch steuerpflichtige Umsätze (sonstige Bauleistungen); **keine Option** nach § 9 (2) durch K möglich.	—
	– Kanzleiräume Notar	Leistungsempfänger erzielt ausschließlich steuerpflichtige Umsätze; **Option zur Steuerpflicht** nach § 9 durch K möglich.	1.824,00
	– Wohnung Mutter von K	Unentgeltliche Wertabgabe **keine Option** nach § 9 durch K möglich	—
	– Wohnung Lehrer	**keine Option** nach § 9 durch K möglich	—
		USt-Traglast:	**159.412,24**

Fall 19

5.000 Stk. Zeitschriften	× 1,70 = 8.500,00 + (7 %) USt 595,00 =	9.095,00
4.000 Stk. Glückwunschkarten	× 1,00 = 4.000,00 + (19 %) USt 760,00 =	4.760,00
Porto + Verpackung = Nebenleistungen = 45,00		
Aufteilung nach Warennettowerten, UStAE 14.5 (21):		
7 %ige Leistung:		
8.500,00 : 12.500,00 = 68 % v. 45,00 = 30,60 + (7 %) USt 2,14 =		32,74
19 %ige Leistung:		
4.000,00 : 12.500,00 = 32 % v. 45,00 = 14,40 + (19 %) USt 2,74 =		17,14
gesamt	netto = 12.545,00 + USt = 1.359,88 =	13.904,88

Übungen zu 2.6.1

	Sachverhalt	Steuersatz
1	Ein Rechtsanwalt vertritt einen Mandanten in einem Zivilprozess.	19 %
2	Ein Schausteller betreibt im Einkaufscenter ein Kinderkarussell.	7 %
3	Ein Binnenfischereibetrieb liefert Karpfen an diverse Geschäfte.	7 %
4	Der Baumarkt veräußert Profilbretter.	19 %
5	Ein Eiscafe verkauft verschiedene Eisbecher.	19 %
6	Ein Imker verkauft Bienenhonig auf dem Wochenmarkt.	7 %
7	Eine Brauerei beliefert Getränkehändler mit Schwarzbier.	19 %
8	In einem Blumenfachgeschäft wird ein Übertopf gekauft.	19 %
9	Eine Computerfirma vertreibt Softwareprodukte.	19 %
10	Vermietung Ferienwohnung	7 %

Fall 20

Die BMG wurde fehlerhaft ermittelt. Die Anlieferung ist als Nebenleistung in die BMG mit einzubeziehen.

	Warenwerte	80,90
+	Anlieferung	10,00
	netto	90,90

Außerdem wurde ein falscher Steuersatz angewandt. Die gelieferten Getränke (auch Mineralwasser) unterliegen dem Steuersatz von 19 %.
Richtig wäre folglich gewesen:

	Netto	90,90
+	USt (19 %)	17,27
	Brutto	108,17

Da jedoch der Leistungsempfänger nur 96,56 aufgewendet hat, ist aus diesem Betrag nach UStAE 14 c.1 (9) der zutreffende Steuerbetrag herauszurechnen ($96{,}56 \times \frac{19}{119}$) = 15,42 und an das FA abzuführen.

Fall 21

	Umsatzart	BMG	USt (19%)
aa)	Gegenstandsentnahme	Einkaufspreis + Nebenkosten = 18,00 + 0,06 (1) = 18,06	3,43
ab)	Gegenstandszuwendung an Personal	ohne (Wert < 60,00 brutto = Aufmerksamkeit)	—
ac)	Lieferung	Verkaufspreis ./. USt = 30,00 ./. 4,79 = 25,21	4,79
b)	Verwendung von Unternehmensgegenständen für Privatbereich	anteilige Grund- und Gesprächsgebühren gehören nicht zur BMG = nicht steuerbar, UStAE 3.4 (4) S. 4, 15.2 c (2) Nr. 1 S. 2	—
c)	Gegenstandszuwendung anderer Art	Keine BA	
d)	Gegenstandszuwendung anderer Art	ohne (Wert < 35,00)	—

(1) Verteilung der Nebenkosten nach Nettowarenwerten:
Hosen: 80 Stk × 18,00 = 1.440,00 = 80% v. 6,00 = 4,80 : 80 Stk = 0,06
Tücher: 30 Stk × 12,00 = 360,00 = 20% v. 6,00 = 1,20 : 30 Stk = 0,04

Übung zu 2.6.2.2

1%-Regelung

12 % von 53.500,00 =	6.420,00
–20 % Abschlag	1.284,00
BMG für u. e. Wertabgabe	5.136,00
19 % USt	975,84

Fahrtenbuchmethode

Ausgaben mit VSt-Abzug		
lfd. Betriebskosten	7.200,00	
anteilige Anschaffungskosten	9.000,00	(45.000 : 5)
	16.200,00	
davon 30 %	4.860,00	
19 % USt	923,40	

Übungen zu 2.6.2.1 und 2.6.2.2

	BMG	USt
1	150,00 (Einkaufspreis/Wiederbeschaffungspreis zum Zeitpunkt des Umsatzes)	28,50
2	keine (kein VSt-Abzugsrecht beim Erwerb, da von Privat = keine Besteuerung bei privater Nutzung)	keine

3

	Ausgaben gesamt	10.638,00	
./.	Ausgaben ohne VSt	1.108,00	(334,00 + 740,00 + 34,00)
=	Summe	9.530,00	(vorsteuerbehaftete Ausgaben)

× Anteil nichtunternehmerischer Nutzung = 15 %
(752 km + 379 km + 1.710 km = 2.841 km : 18.940 Gesamt-km)

9.530,00 × 0,15 = 1.429,50 (BMG)
(1.429,50 × 19 %) 271,61

4 keine
(= Aufmerksamkeit; BMG ist der Einkaufspreis zum Zeitpunkt des Umsatzes; brutto mit 7 % USt = 37,34 ≤ 60,00)

5	Bruttolistenpreis	90.440,00
	halbierter Bruttolistenpreis	
	abgerundet	45.220,00
	× 12 %	45.200,00
	– 20 % Abschlag	5.424,00
		1.048,80
	BMG für USt	4.339,20
	19 % USt	824,45

	BMG	**USt**
6 a	$\frac{\text{10.731 Privat-km}}{\text{25.550 Gesamt-km}}$ (1.279 km + 2.940 km + 6.512 km)	
	= 42 %	
	31.600,00 (Gesamtausgaben)	
	31.600,00 × 0,42 = 13.272,00 × 19% =	
		2.521,68
6 b	– allgemeine Privatfahrten: 1 % von 58.500,00 (Bruttolistenpreis) × 12 Mo. =	7.020,00
	– Fahrten Wohnung/Arbeitsstätte: 0,03 % v. 58.500,00 × 7 km (einf. Entfernung) × 12 Mo. = (2.940 km : 210 Tage = 14 km : 2 = 7 km)	1.474,20
	– Familienheimfahrten: 0,002 % v. 58.500,00 × 407 km (einf. Entf.) × 8 Fahrten = (6.512 km : 8 Fahrten = 814 km : 2 = 407 km)	3.809,52

gesamt		
	12.303,72	= 119 %
	BMG 10.339,26	= 100 %
	USt 1.964,46	= 19 %

Fall 22

	BMG	**USt**	**Erläuterung**
a)	100,00	19,00	Das vom Leistungsempfänger gezahlte Entgelt beträgt (110,00 ./. USt 17,56) 92,44. Dieser Betrag liegt unter der BMG des § 10 (4) (= EKP); es handelt sich um eine verbilligte Überlassung. Es ist die Mindest-BMG nach § 10 (4+5) anzuwenden.
b)	100,84	19,16	Der Leistungsempfänger zahlt ein Entgelt von (120,00 ./. USt 19,16) 100,84, das die BMG des § 10 (4) + (5) Nr. 2 (= EKP v. 100) übersteigt. Es handelt sich um eine normale Lieferung, die nach § 10 (1) bemessen wird.
c)	100,00	19,00	Die Lieferung ist unentgeltlich. Der Unternehmer tätigt eine Gegenstandsentnahme, die nach § 10 (4) Nr. 1 mit dem EKP zu bemessen ist.
d)	125,21	23,79	Es handelt sich um eine normale Lieferung. BMG ist nach § 10 (1) alles, was der Leistungsempfänger aufwendet, abzüglich der USt.

Übungen zu 2.6.2.3

Bemessungsgrundlage/§§ + Erläuterung

1 – Aufwendung des Leistungsempfängers: 1.800,00
dav. Entgelt (1.800,00 ./. USt) = 1.512,61
– Aufwendungen durch die Firma: 1.580,00
Folge: Das vom Leistungsempfänger gezahlte Entgelt nach § 10 (1) ist kleiner als die BMG nach § 10 (4) = verbillige Leistung
BMG sind nach § 10 (5) die entstandenen Ausgaben = 1.580,00 — USt: 300,20

2 Braun hat lediglich eine Gegenstandsentnahme getätigt;
Entgelt des Leistungsempfängers: (150,00 ./. USt) = 126,05
BMG nach § 10 (4) Nr. 1 (Einkaufspreis) = 89,00
Folge: Es handelt sich um keine verbilligte Leistung; die BMG bestimmt sich nach § 10 (1) = 126,05 — USt: 23,95

3 – Aufwendung des Leistungsempfängers: 5.900,00
dav. Entgelt (5.900,00 ./. USt) = 4.957,98
– Ausgaben für die Leistung = 4.946,00
Folge: Die Lieferung und Einbau der Treppe sind umsatzsteuerlich nicht als verbilligt zu betrachten. BMG ist nach § 10 (1) das vom Leistungsempfänger gezahlte Entgelt = 4.957,98 — USt: 942,02

4 – Aufwendung des Leistungsempfängers: 28,50
dav. Entgelt (28,50 ./. USt) = 23,95
– Ausgaben für die Leistung: 24,95 (5 × 4,99)
Folge: Das vom Leistungsempfänger gezahlte Entgelt nach § 10 (1) ist kleiner als die BMG nach § 10 (4) = verbilligte Lieferung
BMG ist nach § 10 (5) der Einkaufspreis = 24,95 — USt: 4,74

5 – Aufwendung des Leistungsempfängers: 11,80
dav. Entgelt (11,80 ./. 7% USt) = 11,03
– Ausgaben für die Leistung = 10,10 (9,90 + 0,20 Verp.zuschlag)
Folge: Die Lieferung der Topfpflanze ist umsatzsteuerlich nicht als verbilligt zu betrachten. BMG ist nach § 10 (1) das vom Leistungsempfänger gezahlte Entgelt = 11,03 — USt: 0,77

6 – Entgeltzahlung des Leistungsempfängers: 620,00
– Ausgaben für die Leistung = 642,60 (1.260 km × 0,51€/km; da nur die mit VSt-Abzugsrecht belasteten Ausgaben Bestandteil der BMG nach § 10 (4) Nr. 2 sind)
Folge: Das vom S gezahlte Nutzungsentgelt nach § 10 (1) ist kleiner als die BMG nach § 10 (4) = verbilligte sonstige Leistung
BMG sind nach § 10 (4) + (5) Nr. 2 die Kosten = 642,60 — USt: 122,09

Fall 23

	Gesamtrechnungsbetrag	8.300,25
./.	8% Kaufpreisminderung	664,02 [1]
		7.636,23
./.	4% Skonto	305,45
	Verbindlichkeit	7.330,78
	davon USt ($\times \frac{19}{119}$)	1.170,46

Berichtigung der USt/VSt = ./. 154,79 (1.170,46 ./. 1.325,25)

[1] Die Kaufpreisminderung schließt im vorliegenden Fall neben den Warenwerten auch die Nebenkosten ein.

Übungen zu 2.6.3

1

a) Da der Leistungsempfänger eine freiwillige Zuzahlung (Trinkgeld) an den Unternehmer leistet (Entgelterhöhung UStAE 10.1 (5) S. 1), ist nach § 17 (1) durch den Gastwirt die USt im VAZ Juli um + 5,87 (255,46 ./. 249,59) zu berichtigen.

b) Da der Leistungsempfänger das Skontoangebot angenommen und rechtmäßig nur einen Betrag von 20.605,58 € überwiesen hat, ist bei der Schlitz KG die Vorsteuer und bei der Safa-GmbH die USt jeweils um ./. 101,75 € im VAZ Juli zu berichtigen (Berichtigungsbetrag bezieht sich sowohl auf die Anzahlung als auch auf die Restzahlung).

c) Die in Rechnung gestellten Verzugszinsen und Auslagen sind Schadenersatzforderungen, die nicht steuerbar sind, UStAE 1.3 (6). Da keine Änderung der BMG eingetreten ist, wird bei beiden Beteiligten keine Berichtigung erforderlich.

d) Die Rabattzusage wurde in der Rechnung bereits berücksichtigt:

	Parkettfußboden	26.200,00
./.	15 % Rabatt	3.930,00
	Verbleibender Betrag	22.270,00
+	USt (19 %)	4.231,30
	Rechnungsbetrag	26.501,30

Mit der Einbehaltung von 4.000,00 für Nachbesserungen ergibt sich eine Minderung der BMG infolge Mängelrüge. Im VAZ Juli sind jeweils ./. 638,66 USt bzw. VSt zu berichtigen.

2	**Umsatzart §**	**Ort d. Leistung §**	**Steuerbarkeit §**	**St.pflicht/ St.befreiung §**	**Bemessungs-grundlage §**	**USt 19 %**
a)	sonstige Leistungen § 3 (9)	Seefeld § 3 a (2)	nstb	–	–	–
b)	(verbilligte) Lieferung § 3 (1)	München § 3 (6)	stb § 1 (1) Nr. 1	stpfl	54,00 § 10 (5)	10,26
c)	Unentgeltliche Wertabgabe § 3 (1 b) Nr. 1	Tutzing § 3 (7) S. 1	stb § 1 (1) Nr. 1	stpfl	58.000,00 § 10 (4) Nr. 1 + 2	11.020,00
d)	Werklieferung § 3 (4)	St. Gallen § 3 (6)	nstb	–	–	–
e)	Werklieferung § 3 (4)	Dachau § 3 (7) S. 1	stb § 1 (1) Nr. 1	stpfl	10.084,03 § 10 (1) (175,00 = nstb)	1.915,97
f)	Ausfuhrlieferung § 6 (1) Nr. 3	München § 3 (6)	stb § 1 (1) Nr. 1	stfrei § 4 Nr. 1 a	–	–
g)	so. Leistungen § 3 (9) (Unterlassen)	Nürnberg § 3 a (2)	stb § 1 (1) Nr. 1	stpfl	10.504,20 § 10 (1)	1.995,80
h)	Innenumsatz	–	nstb	–	–	–

	Umsatzart §	Ort d. Leistung §	Steuerbarkeit §	St.pflicht/ St.befreiung §	Bemessungs-grundlage §	USt 19 %
i)	so. Leistungen § 3 (9) (Nebengesch)	München § 3 a (3) Nr. 3 a	stb § 1 (1) Nr. 1	stfrei § 4 Nr. 26	–	–
j)	Gegenstands-zuwendung an Personal § 3 (1 b) Nr. 2	München § 3 (6)	stb § 1 (1) Nr. 1	stpfl	83,19 § 10 (4) + (5)	15,81

nstb = nicht steuerbar, stb = steuerbar, stpfl = steuerpflichtig, stfrei = steuerfrei

Fall 24

Möbelfachgeschäft versteuert nach vereinbarten Entgelten (Sollbesteuerung) und ist Monatszahler.

- Anzahlung 19.04.: = 495,00 dav. USt = 79,03 VAZ = April
- Lieferung und Montage 04.06.: = 2.800,00 dav. USt = 447,06 VAZ = Juni
- Nachlieferung 02.07.2020: = 200,00 dav. USt = 27,58 VAZ = Juli
  für Lieferungen ab 01.07.2020–31.12.2020 beträgt der Steuersatz 16 %.

Übungen zu 2.7.1

	VAZ	Betrag
1	März § 13 (1) Nr. 1 a (GmbH ist Monatszahler)	44,84

	VAZ	Betrag
2	Juli § 13 (1) Nr. 2 (Lieferzeitpunkt ist die Verschaffung der Verfügungs-macht am 02.07.)	95,00 (BMG ist der EKP zum Zeitpunkt des Umsatzes = 500,00; verbilligte Lieferung an AN)

Fall 25

	VAZ	USt	§§
a)	II. Quartal (maßgeblich ist die Fertigstellung)	Ausführung anderer sonstiger Leistung (siehe UStAE 3.5 (2) Nr. 11) 69,40 × 19 % = 13,19 USt (Arbeitsleistung des Unternehmers geht nicht in die BMG ein)	§ 3 (9 a) Nr. 2 § 10 (4) Nr. 3 § 13 (1) Nr. 2
b)	II. Quartal (Entnahmezeitpunkt)	Gegenstandsentnahme 3,50 × 19 % = 0,67 USt (BMG ist der Einkaufspreis zum Zeitpunkt des Umsatzes)	§ 3 (1 a) Nr. 1 § 10 (4) Nr. 1 § 13 (1) Nr. 2
c)		Gegenstandszuwendung anderer Art keine USt (Geschenk von geringem Wert, Nettobetrag < 35,00)	§ 3 (1 b) Nr. 3 UStAE 3.3 (11)

Fall 26:

a) innergemeinschaftlicher
Erwerb = 03.03. → Erwerbsteuer: 24.800,00 × 19 % = 4.712,00
Entstehung: – frühestens: 26.02. (mit Ausstellung der Rechnung)
– spätestens: 30.04. (mit Ablauf des dem Erwerb folgenden Kalendermonats – § 13 (1) Nr. 6))

b) innergemeinschaftlicher
Erwerb = 24.03. → Erwerbsteuer: 98.000,00 × 19 % = 18.620,00
Entstehung: 24.03.

Fall 27

Die USt wurde überhöht ausgewiesen.
- Der USt-Satz von 19 % ist fehlerhaft; gem. Anlage 2 zum UStG, Nr. 48 b gilt der ermäßigte Steuersatz von 7 %.
- Der USt-Betrag enthält außerdem einen „Flüchtigkeitsfehler"; richtig wären 11,02 € (bei 19 %) gewesen.

Es wird nach § 14 c (1) auch der Mehrbetrag von 7,43 für den VAZ I. Quartal geschuldet.

Berechnung: $\frac{70{,}01 \times 7}{107}$ = 4,58 + 7,43 = 12,01 (unrichtig ausgewiesener Steuerbetrag)

Übungen zu 2.7.2 u. 2.7.3

	Umsatzart/Vorgang (§§)	USt	VAZ bzw. spät. Fälligkeit	Steuerschuldner
1	Einfuhr – § 1 (1) Nr. 4/§ 21	5.183,20	i. d. R. bei Einfuhr	Modehaus
2	sonstige Leistung mit überhöhtem Steuerausweis – § 1 (1) Nr. 1/§ 14 (2)	1,90	III. Quartal	Taxiunternehmer
3	sonstige Leistungen mit unberechtigtem Steuerausweis	15,20	Februar (Rechnungsausstellung)	Schule
4	steuerfrei behandelte innergemeinschaftliche Lieferung durch unrichtige Angaben des Abnehmers	75,81	21.01. (Lieferzeitpunkt)	van Lugen

5
- Art der Leistung: sonstige Leistung
- Steuerschuldner: deutscher Unternehmer, § 13 b (5) S. 1 USt-VA Juli 2.280,00,–
- Entstehung der Steuer: mit Ausstellung der Rechnung im Juli bzw. mit Ablauf des der Fertigstellung der Pläne folgenden Kalendermonats (Juli)
- Vorsteuerabzug: deutscher Unternehmer, § 15 (1) Nr. 4 USt-VA Juli 2.280,00,–

6 Die USt entsteht mit Ausstellung der Rechnung im Mai 2021.
Das Bauunternehmen als Leistungsempfänger kann die geschuldete USt in der Voranmeldung Mai 2021 als VSt abziehen (Betrag jeweils 11.400,00)

Fall 28

a)	voller VSt-Abzug von 3.610,00 ist möglich	– Alle Voraussetzungen für den VSt-Abzug sind erfüllt.
b)	kein VSt-Abzug möglich	– Die Leistung wurde nicht für das Unternehmen des Unternehmers ausgeführt (Privatwohnung).
c)	voller VSt-Abzug von 577,60 ist möglich	– Der Leistungsempfänger ist durch die steuerpflichtige Vermietung (Option § 9 (1+2)) als vorsteuerabzugsberechtigter Unternehmer tätig.
d)	959,50 € VSt-Abzug im Monat Dezember möglich	– Nach § 15 (1) Nr. 1 S. 2 ist ein VSt-Abzug für einen vom Leistenden noch nicht erbrachten Umsatz bereits möglich, wenn die Rechnung vorliegt und die Zahlung geleistet worden ist.

Übungen zu 2.8.1 und 2.8.2

1 Kein VSt-Abzugsrecht für Kunstschmiede, da die in Kleinbetragsrechnungen nach § 33 UStDV geforderten Angaben nicht vollständig sind.

2 Die GmbH kann nur einen VSt-Abzug von 510,15 (2.685 × 19 %) geltend machen, da die Mahngebühr nicht steuerbaren Schadenersatz darstellt, UStAE 1.3 (6) S. 2.

3
- VSt-Abzug für Falter-KG: 5.225 € (27.500 × 19%) – Gebühr Bauantrag ist ein durchlaufender Posten, der nicht Bestandteil der BMG ist, § 10 (1) S. 5 UStG i. V. m. UStAE 10.1. (7) S. 3.
- VSt-Abzug für Fam. Kleber nicht möglich, da kein unternehmerischer Leistungsempfänger, § 15 (1) UStG

4 B kann keinen VSt-Abzug geltend machen, da die Lieferung von F als steuerfreie Ausfuhrlieferung (Helgoland) zu behandeln gewesen wäre.

Übungen zu 2.8.3

1 Schuldner der EUSt ist der deutsche Getränkehändler; er kann die EUSt als VSt abziehen.

2 Schuldner der EUSt ist der russische Unternehmer; er kann die entrichtete EUSt als VSt abziehen. Der deutsche Getränkehändler kann die in Rechnung gestellte USt als VSt abziehen.

3 Nach UStAE 15.2 (1) Satz 3 sind nur VSt-Beträge abziehbar, die nach dem deutschen UStG geschuldet werden.

4 Der deutsche Lederwarenhändler hat einen innergemeinschaftlichen Erwerb getätigt. Die angefallene Erwerbsteuer ist als VSt abziehbar.

5 Da der deutsche Kinderarzt (Schwellenerwerber) die Erwerbsschwelle nicht überschreitet bzw. nicht optiert hat, tätigt er keinen innergemeinschaftlichen Erwerb. Die Lieferung muss durch den französischen Hersteller versteuert werden. Der Kinderarzt erzielt steuerfreie Umsätze und hat daher grundsätzlich kein VSt-Abzugsrecht.

Fall 29

Die Berufsgruppe der Schornsteinfeger ist im Abschnitt B, Nr. 5 der Anlage zur UStDV aufgeführt.
Für sie ist eine Teilpauschalierung nach dem genannten VSt-Abzugssatz von 1,6 % sowie ein VSt-Abzug nach § 15 auf die im § 70 (2) genannten Umsätze möglich.

Berechnung:		Umsatz gesamt	58.644,00		
	./.	Umsatz aus Vermietung für Wohnzwecke (nicht im Rahmen des Berufs- oder Gewerbezweigs)	8.400,00		
		maßgeblicher Umsatz für VSt-Abzug	50.264,00	× 1,6 % =	804,22
	+	VSt-Betrag aus Rechnung für Fußbodenbau			+ 468,54
	=	abziehbare VSt			1.272,76

Übungen zu 2.8.6.1

1 Die Messer sind Aufwendungen für Geschenke im Wert von 4,25/Kunde.
Es handelt sich somit um eine abzugsfähige Betriebsausgabe, die den vollen VSt-Abzug (161,50) ermöglicht.

2 Die Bewirtungs- und Übernachtungskosten im Gästehaus stellen nicht abzugsfähige Betriebsausgeben dar, für die auch kein VST-Abzug möglich ist.
Die Präsente an die 14 Vertreter stellen Geschenke mit geringem Wert/Warenmuster (< 35,00) dar, die einen VSt-Abzug gestatten.

Fall 30

Position		Zu 1 (VSt-Abzug)	Zu 2 (abzugsfähige Betriebsausgabe)
a)	Fahrkosten	9,42 (59,00 × 19/119)	49,58
b)	Übernachtung	15,20	80,00
c)	Messebesuch	– 2,39 (15,00 × 19/119) für Eintritt – kein VSt-Abzug möglich für Parkgebühr (ohne USt bzw. nicht ausgewiesen)	12,61 6,00
d)	Verpflegung[1]	1,52 (9,52 × 19/119)	14,00 (für 15.5. = 16 h) 14,00 (für 16.5. = 13 h)
e)	Sonstiges	kein VSt-Abzug möglich für Ordnungsgeld und übrige Verpflegung	keine Betriebsausgabe (private Aufwendung)
gesamt		**28,53**	**172,19**

[1] Rechnung auf die KG nur für Frühstück

Fall 31

Der Tierarzt erbringt i. d. R. steuerpflichtige Umsätze (§ 4 Nr. 14 S. 4).

VSt-Abzug:

– Steuerberater: (2.358,00)	voller VSt-Abzug, da in Rechnung gestellte USt zur Ausführung steuerpflichtiger Umsätze dient	2.358,00
– Rechtsanwalt: (436,00)	kein VSt-Abzug, da in Rechnung gestellte USt im Zusammenhang mit steuerfreier Vermietung steht	—
– Notar: (578,00)	voller VSt-Abzug, da in Rechnung gestellte USt zur Ausführung steuerpflichtiger Umsätze dient	578,00
– Sonstige USt-Beträge: (21.287,00 ./. o. g. USt-Beträge)	voller VSt-Abzug, wenn die in Rechnung gestellten USt-Beträge ausschließlich zur Erzielung steuerpflichtiger Umsätze dienen	17.915,00
VSt-Abzug gesamt		20.851,00

Fall 32

Vermietung	=	sonstige Leistung – steuerbar und steuerfrei nach § 4 Nr. 12; Option nach § 9 möglich bei:
EG	130 qm	– Vermietung an Unternehmer für sein Unternehmen, zur Erzielung steuerpflichtiger Umsätze
1.OG	90 qm	– Vermietung an Unternehmer für sein Unternehmen, zur Erzielung steuerfreier Einnahmen; jedoch i.V. m. § 27 (2) Nr. 3 (Gebäude erbaut 1983) optierbar
3.OG	50 qm	– wie EG
	270 qm	bei insgesamt 350 qm = 77,14% steuerpflichtige Vermietung

VSt-Abzug:

– Hauseingangstür:	anteiliger VSt-Abzug (77,14% v. 617,50)	476,34
– Badeinbau 2.OG:	kein VSt-Abzug, da Ausschlussumsatz	—
– Dachfenster 3.OG:	voller VSt-Abzug, da Abzugsumsatz	858,80
– Müllabfuhr	hoheitliche Aufgabe der Stadt – ohne USt-Ausweis	—

Übungen zu 2.8.1 – 2.8.7

1	VSt-Abzug	Erläuterung
a)	5.130,00	voller VSt-Abzug, betriebl. Nutzung ≥ 10%
b)	0,00	Leistungsempfänger ist kein Unternehmer. Das Jugendamt gehört zum hoheitlichen Bereich der Stadt.
c)	326,03	Der ausgewiesene Steuerbetrag ist viel zu hoch (richtig = 247,00). VSt-Abzug ist nur in Höhe des richtigen Betrages möglich. Die VSt muss, wenn die Rechnung nicht berichtigt wird, aus dem Rechnungsbetrag herausgerechnet werden. Rechnungsbetrag 2.042,00 × 19/119 = 326,03
d)	312.550,00	Maßgeblich für den VSt-Abzug sind die Nutzungsverhältnisse im Jahr der erstmaligen Verwendung: – 400 qm Mega-Polster: Ausführung von Abzugsumsätzen, – 400 qm Sozialamt: Ausführung von Ausschlussumsätzen, – 200 qm Arztpraxis: Ausführung von Ausschlussumsätzen, – 200 qm Anwaltskanzlei: Ausführung von Abzugsumsätzen. anteiliger VSt-Abzug nach qm-Verhältnis der Nutzung = 50%
e)	11.172,00	Mit dem Wirtschaftsgut werden ausschließlich Abzugsumsätze bewirkt, die den vollen VSt-Abzug ermöglichen.
	0,00	Die Inserate stehen im Zusammenhang mit Ausschlussumsätzen. Der **Reihenhausverkauf** ist eine steuerfreie Leistung nach § 4 Nr. 9 a, die nicht optierbar ist (= private Wohnanlage).
	115,00	Die Annonce steht im Zusammenhang mit einer nach § 4 Nr. 8 f steuerfreien Leistung, die jedoch nach § 9 optierbar ist. Damit ist ein VSt-Abzug für die Uni-Bau-KG möglich.
f)	0,00	Der in Rechnung gestellte USt-Betrag steht im Zusammenhang mit steuerfreien Leistungen (§ 4 Nr. 11), die als Ausschlussumsätze den VSt-Abzug nicht ermöglichen.
g)	0,00	Es handelt sich um eine Kleinbetragsrechnung, die mindestens die Angaben nach § 33 UStDV enthalten muss. In der Rechnung fehlt die Anschrift und die handelsübliche Bezeichnung des Gegenstandes.
h)	14,82	für Bahnfahrt
	24,08	für Verpflegung
	22,77	für Übernachtungen
	3,53	für Taxifahrten

2 Unternehmer Sommer erbringt sowohl steuerfreie als auch steuerpflichte Leistungen zu 19 % und zu 7 % (Berechnung ohne Centbeträge).

Einnahmeposition		**steuerfreie Umsätze**	**steuerpflichtige Umsätze zu 19 %**	**steuerpflichtige Umsätze zu 7 %**
Vermietung an Dauercamper		17.040,00	—	—
Vermietung an Kurzcamper		—	—	29.394,00
Nutzung TT-Anlage		—	1.024,00	—
Verkauf Speisen und Getränke		—	68.234,00	21.400,00
Verkauf von Zeitschriften		—	—	4.397,00
Summe brutto:	141.489,00	17.040,00	69.258,00	55.191,00
davon USt:		—	$(\times \frac{19}{119}) =$	$(\times \frac{7}{107}) =$
Summe USt:	**14.668,63**	—	11.058,00	3.610,63
Summe netto:	126.820,37	17.040,00	58.200,00	51.580,37

Für den VSt-Abzug für S ist festzustellen, dass bei einigen Positionen der in Rechnung gestellte USt-Betrag voll abziehbar ist, weil er ausschließlich zur Ausführung von Abzugsumsätze verwendet wurde und dass ein anderer Teil nur anteilig als VSt abziehbar ist, da er für Mischumsätze verwendet wurde.
Aufteilungsmaßstab für den anteiligen VSt-Abzug kann im vorliegenden Sachverhalt nur das Umsatzverhältnis sein.
(= Anteil der steuerpflichtigen Nettoumsätze an den Gesamtumsätzen:

$$\frac{76.183,19 + 31.580,37}{124.803,56} = 86,35\ \%)$$

Leistungen	**voller VSt-Abzug**	**anteiliger VSt-Abzug**
Benzinrasenmäher	–	84,65
TT-Platten und Zubehör	144,00	–
Dachinstandsetzung Imbissstand	316,20	–
Lieferung Lebensmittel … (gesamt)	4.514,82	–
Lieferung von Zeitschriften …	217,42	–
Kieslieferung für Wege	–	126,35
Sonstiges	–	2.765,55
Summe:	**5.192,44**	**2.976,55**
		× 86,56 %
		= **2.576,50**
VSt gesamt		**7.768,94**

Zahllast für S im Jahr 2021:			
		USt	14.688,43
	./.	VSt	7.768,94
		Zahllast	6.899,69

Fall 33

in Rechnung gestellte USt: 311.600,00

VSt-Abzug: Nutzungsverhältnisse im Kalenderjahr der erstmaligen Verwendung (= 2019):
- Rechtsanwaltskanzlei = steuerpflichtige Vermietung durch Option
- Arztpraxis = steuerfreie Vermietung, keine Option möglich

Folge: 50 % Abzugsumsätze = VSt-Abzug in 2020: ➔ 155.800,00

VSt-Berichtigung:

Jahr	Berechnung/Erläuterung	Gegenüber dem FA Forderung
2020	Die Zeit der Nichtnutzung (01.07. bis 30.09.) ist der tatsächlich späteren Nutzung zuzurechnen (steuerpflichtige Vermietung durch Option). Ab 01.07. (01.10.) = 100 % Abzugsumsätze: $\frac{31.160,00 \times 6 \text{ Monate} \times (50\,\% - 100\,\%)}{12 \text{ Monate}}$	7.790,00
2021 bis 2028	Nutzungsverhältnisse wie ab 01.07.2020: 31.160,00 × (50 % – 100 %) × 8 Jahre	124.640,00
2029	Berichtigungszeitraum läuft bis März mit geändertem Nutzungsverhältnis wie ab 01.07.2020: $\frac{31.160,00 \times 3 \text{ Monate} \times (50\,\% - 100\,\%)}{12 \text{ Monate}}$	3.895,00

Fall 34

a) Berichtigungszeitraum: 01.01.2017 – 31.12.2026 (= 10 Jahre)

b) Vorsteuerberichtigung pro Jahr: 400.000,00 : 10 = 40.000,00
VSt-Korrektur (Rückzahlungsbetrag) in den Jahren 2019 und 2020 jeweils 16.000,00 (40% von 40.000,00)
VSt-Korrektur (Rückzahlungsbetrag) ab dem Jahr 2021 24.000,00 (= 60% von 40.000,00)

Übungen zu 2.8.8

1 VSt-Abzug: Febr. 2017: = 9.120 × 80 % = 7.296
VSt-Berichtigung nach § 15 a:
Berichtigungszeitraum = 5 Jahre (03/2017–02/2022) nach § 45 UStDV
2020: 1.824 × 20 % × 6/12 = 182,40 (VSt-Abzug)
2021: 1.824 × 20 % × 2/12 = 60,80 (VSt-Abzug)

2 VSt-Abzug: Sept. 2018: = USt (1.299,00 × 19/119) = 207,40 = VSt-Abzug 100 %
VSt-Berichtigung nach § 15 a:
entfällt nach § 44 (1) UStDV (USt < 1.000,00)

3 VSt-Abzug: 2013: = 120.000 (100 % Abzugsumsätze)
VSt-Berichtigung nach § 15 a:
Renovierung (Nichtvermietung) in 2020 wird gem. zukünftiger Nutzung betrachtet, 15 a 6 (7) UStAE
2020: 12.000 × (100 – 50) × 12/12 = 6.000 = USt (Verbindlichkeit an FA)
2021–2023: jährlich 6.000 USt (wie 2018)

4 VSt-Abzug: 2017: = 10.928,80 × 50 % = 5.464,40 €
VSt-Berichtigung nach § 15 a:
2020: 2.732,20 (10.925,80 : 4 Jahre, § 15 a (5) S. 2) × (50 – 58) × 4/12, § 45 UStDV = ./. 72,86
entfällt nach § 44(2) UStDV (< 1.000,00)

Fall 35

Umsätze/Position	Steuerliche Behandlung	USt
innergemeinschaftliche Lieferung	steuerfrei	—
Umsätze nach § 4 Nr. 8 bis 28 UStG	steuerfrei	—
Lieferungen und sonstige Leistungen	steuerpflichtig	38.780,14
innergemeinschaftliche Erwerbe	steuerpflichtig	1.576,24
Summe USt		40.356,38
./. abziehbare VSt-Beträge (21.786,85 + 1.576,24)		23.363,09
= USt-Vorauszahlung		16.993,29

Fall 36

USt- Vorauszahlungen	=	26.238,00	
USt lt. Erklärung	=	26.941,00	
Erhöhung Steuerschuld	=	703,00	➔ fällig am 30.08.2021, weil 29.08 = Sonntag
Zahllast gem. Betriebsprüfung	=	27.252,00	
USt lt. Erklärung	=	26.941,00	
Erhöhung Steuerschuld	=	311,00	➔ fällig am 08.12.2021 nach § 18 (4) S. 2

Fall 37

Einnahmen:	39 Personen × 199,00	= 7.761,00
Kalkulierte Kosten:	2.000,00 (Beförderung) + 4.000,00 (Ü/V/V)	= 6.000,00

Die Beförderungsleistung ist keine Reiseleistung nach § 25, da diese Leistung durch Busse des Reiseveranstalters durchgeführt wird. Es liegt eine grenzüberschreitende Beförderung vor, die nach § 3 b (1) S. 2 nur für den inländischen Teil steuerbar und steuerpflichtig ist.

Kostenanteil der Beförderung:	$\frac{2.000,00}{6.000,00} = \frac{1}{3}$	
Anteil der Beförderungskosten an den Einnahmen:	$\frac{1}{3}$ × 7.761,00	= 2.587,00
	davon 75 % inl. Anteil	= 1.940,25
	davon USt ($\frac{19}{119}$)	= 309,79

Für Übernachtung, Verpflegung und Veranstaltungen (Ü/V/V) werden Reisevorleistungen nach § 25 in Anspruch genommen.

	Aufwendungen der Leistungsempfänger	7.761,00
./.	Aufwendungen für die Beförderung	2.587,00
=	Aufwendungen für Ü/V/V	5.174,00
./.	Vorleistungen (Kosten)	4.000,00
=	Differenz	1.174,00
	davon USt ($\frac{19}{119}$)	187,45

USt gesamt: 497,24 (309,79 + 187,45)

Fall 38

2021:
- Umsatz Vorjahr (2020) = 15.918,00; voraussichtlicher Umsatz 2021 = 26.000,00
- **Folge:** Besteuerung für Kleinunternehmer kann auch 2020 angewandt werden.

2021:
- Umsatz Vorjahr (2021) = 26.397,00
- **Folge:** Regelbesteuerung ist durchzuführen, da der Vorjahresumsatz den Betrag von 22.000,00 übersteigt.

Übung zu 2.10

Der maßgebliche Umsatz ergibt sich aus:
Einnahmen aus

– seiner Tätigkeit als Versicherungsvertreter	= steuerfrei, § 4 Nr. 11	kein Ansatz
– seiner Tätigkeit als Grundstücksmakler	= steuerpflichtig	10.730,00
– der Vermietung von 4 Wohnungen	= steuerfrei, § 4 Nr. 12 a	kein Ansatz
Private Nutzung des betrieblichen Pkw	= steuerpflichtig	2.145,00
maßgeblicher Umsatz 2021:		12.875,00

2022 werden ähnliche Einnahmeverhältnisse erwartet.

Damit kann der Unternehmer auch 2022 sein Wahlrecht wahrnehmen (Anwendung § 19 (1) oder Option auf die Regelbesteuerung).
Da ein VSt-Abzug für die Aufwendungen im Zusammenhang mit der vorgesehenen Sanierung seines Grundstückes nicht möglich ist (nur steuerfreie Vermietungsumsätze), sollte G wie bisher die Regelungen für Kleinunternehmer wahrnehmen.

Aufgaben zur Wiederholung und Vertiefung

1

a)	natürliche Person	ja
b)	juristische Person des öffentlichen Rechts	nein, hoheitliche Aufgabe
c)	natürliche Person	nein, Angestellter
d)	juristische Person des öffentlichen Recht	ja, Betrieb gewerblicher Art
e)	juristische Person des privaten Rechts	ja
f)	natürliche Person	ja, Vermieter
g)	juristische Person des privaten Rechts	ja
h)	Personengesellschaff	ja
i)	juristische Person des öffentliche Rechts	nein, hoheitl. Aufgabe
j)	juristische Person des privaten Rechts	ja, wirtschaftl. Geschäftsbetrieb

k)	Personengesellschaft	ja
l)	juristische Person des privaten Recht	nein, nur Vereinstätigkeit
m)	gewerblich geprägte Personengesellschaft	ja
n)	juristische Person des privaten Rechts	ja
o)	Personengesellschaft	ja

2

2.1

Unternehmer	**Unternehmen**
Hugo und Erika Held	Vermietung Eigentumswohnung
Hugo Held	Dachdeckerbetrieb u. Vermietung
Erika Held und Partner	Rechtsanwaltskanzlei
Erika Held	Druckerei

2.2
a) sonstige Leistung
b) Innenumsatz
c) Lieferung
d) unentgeltliche Wertabgabe
e) sonstige Leistung

3

	Art der Lieferung	Ort der Lieferung	Steuerbarkeit
a)	Kommissionsgeschäft , § 3 (3)		
	Beförderunslieferung von H	Halle, § 3 (6) S. 1	ja
	Beförderungslieferung von L	Leipzig, § 3 (6) S. 1	ja
b)	Reihengeschäft, § 3 (6) S. 5		
	Versendungslieferung von W	Oslo, § 3 (7) S. 2 Nr. 1	nein
	Lieferung von K	Flensburg, § 3 (7) S. 2 Nr. 2	ja
c)	Versendungslieferung von M § 3 (6) S. 3	Kaiserslautern, § 3 (6) S. 1	ja
d)	Werklieferung von N, § 3 (4)	Lanzarote, § 3 (7) S. 1	nein
e)	Innenumsatz von S		nein
f)	Tausch, § 3 (12) S. 1		
	Lieferung von S	Zürich, § 3 (6) S. 1	nein
	Lieferung von W	Koblenz, § 3 (6) S. 1	ja
g)	Beförderungslieferung von N	Hagen, § 3 (6) S. 1	ja
h)	Reihengeschäft, § 3 (6) S. 5		
	Lieferung von L an K	Warschau, § 3 (6) S. 1	nein
	Lieferung von K an H	Gera, § 3 (7) S. 2 Nr. 2	ja
	Werklieferung von H, § 3 (10)	Eisenberg, § 3 (7) S. 1	ja

4

a)	Magdeburg	§ 3 a (3) Nr. 3 a	
b)	Wuppertal	§ 3 a (2)	
c)	Baunatal	§ 3 a (2)	(Leistungsempfänger ist Unternehmer)
d)	Sindelfingen	§ 3 a (3) Nr. 1	
e)	Wörth	§ 3 a (3) Nr. 1	

f) Winterthur	§ 3 a (4) Nr. 2	Leistungsempfänger kein Unternehmer und im Drittland ansässig
g) Osnabrück	§ 3 a (2)	
h) Leipzig	§ 3 a (2) u. § 3 a (3) Nr. 3 a	
i) Pocking–Passau	§ 3 b (1), S. 3	
j) Torgelow	§ 3 a (3) Nr. 1	
k) Berlin	§ 3 a (2)	
l) Kiel	§ 3 a (2)	

5

	Art der Leistung	Ort der Leistung	Steuerbarkeit
a)	sonstige Leistung von T, § 3 (9) Unterhaltende L.	Essen, § 3 a (2)	ja
b)	Lieferung von M, § 3 (1)	Neu-Ulm, § 3 (6) i.V.m., 3.12 (4) S. 7 UStAE	ja
c)	sonstige Leistung von D, § 3 (9) Vermessungsleistung	Lauchhammer § 3 a (3) Nr. 1 c	ja
d)	sonstige Leistung von S, § 3 (9) Beförderungsleitung	Bad R. bis Kitzbühel § 3 b (1)	ja, Bad R. bis Grenze
e)	sonstige Leistung von A, § 3 (9) Vermietung	Sankt Gallen § 3 a (3) Nr. 1 a	nein
	sonstige Leistung von Z Werbung	Stuttgart § 3 a (1)	ja
	sonstige Leistung von N Vertragsabschluss Grundstücksverkauf	Sankt Gallen § 3 a (3) Nr. 1 b	nein
	Lieferung von A an I, § 3 (1) Grundstücksverkauf	Sankt Gallen § 3 (7)	nein
f)	Reihengeschäft, § 3 (6) S. 5 Lieferung von H an W	Schweiz § 3 (6) S. 1	nein
	Lieferung von W an S	Jena § 3 (7) S. 2 Nr. 2	ja
g)	Agenturgeschäft, § 3 (9) sonstige Leistung vom Vermittler	Würzburg, § 3 a (2)	ja
	Versendungslieferung von T an K	Würzburg, § 3 (6) S. 3	ja
	sonstige Leistung durch S, § 3 (9) Beförderungsleistung	Würzburg bis Weimar § 3 b (1), S. 3	ja

6 a) Lieferer E ist Unternehmer in England; Abnehmer/Erwerber R ist Vollunternehmer in D; der Gegenstand (Container) wird gegen Entgelt vom übrigen Gemeinschaftsgebiet (England) in die in § 1 (3) bezeichneten Gebiete (Freihafen) versendet.
- innergemeinschaftlicher Erwerb für R nach § 1 a (1) i. V. m. § 1 (1) Nr. 5
  steuerbar und steuerpflichtig (§ 3 d) für R in Deutschland
- innergemeinschaftliche Lieferung für E
  steuerbar (§ 3 (6) S. 1) und steuerfrei (§ 4 Nr. 1 b) für E in England

b) Lieferer S ist Unternehmer in Schweden; Abnehmer V ist Unternehmer in D, der nach § 4 Nr. 10 nur steuerfreie Umsätze ausführt; der Erwerber ist Unternehmer nach § 1 a (3) Nr. 1 a; der Erwerbsumfang durch V liegt unter der Erwerbsschwelle nach § 1 a (3) Nr. 2
- kein innergemeinschaftlicher Erwerb für V; keine Erwerbsbesteuerung durch V; Lieferer S muss in Schweden versteuern

Begründung:
- Lieferer S befördert/versendet von Schweden nach D, § 3 c (1).
- Abnehmer V als juristische Person nach § 3 c (2) Nr. 2 d überschreitet die deutsche Erwerbsschwelle von 12.500,00 nicht.
- Lieferschwelle, § 3 c (3), nach D (100.000,00) wird von S nicht überschritten
- Ortsbestimmung der Lieferung daher nach § 3 (5 a) mit Hinweis auf § 3 (6)
  = Besteuerung dort, wo die Beförderung/Versendung beginnt, § 3 (6) S. 1
  = in Schweden steuerbar und steuerpflichtig durch S; in D nicht steuerbar

c) Lieferer H ist Unternehmer (kein Kleinunternehmer) in den Niederlanden; Abnehmer/Erwerber T ist Vollunternehmer in D; der Gegenstand (Hornknöpfe) wird gegen Entgelt (8.420,00) vom übrigen Gemeinschaftsgebiet (NL) nach D (anderer Mitgliedsstaat) befördert; die Beförderung durch den Abnehmer sowie die Erwerbs- bzw. Lieferschwelle ist unbedeutend.
- innergemeinschaftlicher Erwerb für T nach § 1 a (1) i. V. m. § 1 (1) Nr. 5
  steuerbar und steuerpflichtig (§ 3 d) für T in Deutschland
- innergemeinschaftliche Lieferung für H
  steuerbar (§ 3 (6) S. 1) und steuerfrei (§ 4 Nr. 1 b) für H in NL

d) Lieferer und Abnehmer sind jeweils Vollunternehmer; der Gegenstand der Lieferung (Lkw) gelangt vom übrigen Gemeinschaftsgebiet nach D und ist für das Unternehmen des Abnehmers bestimmt
- innergemeinschaftlicher Erwerb für S, § 1 a (1)
  steuerbar und steuerpflichtig für S in Deutschland, § 3 d
- innergemeinschaftliche Lieferung für H
  steuerbar (§ 3 (6) S. 1) und steuerfrei (§ 4 Nr. 1 b) für H in Schweden

e) Der Umsatz wird innerhalb des Unternehmens von P ausgeführt (vom Herstellerort Tübingen an das Auslieferungslager in Sonderborg); der Warenabsatz ist in DK vorgesehen, keine vorübergehende Verwendung = Tatbestand des § 1 a (2).
- innergemeinschaftlicher Erwerb für P
  steuerbar und steuerpflichtig (§ 3 d) für P in Dänemark
- innergemeinschaftliche Lieferung für P
  steuerbar (§ 3 (6) S. 1) und steuerfrei (§ 4 Nr. 1 b) für P in Deutschland

f) Lieferer und Abnehmer sind jeweils Unternehmer – jedoch erwirbt der Abnehmer (Rechtsanwalt) die Ware nicht für sein Unternehmen (private Silvesterparty), sondern als Privatperson; R gilt als Abnehmer nach § 3 c (2) Nr. 1.

- Kein innergemeinschaftlicher Erwerb für R; keine Erwerbsbesteuerung durch R, Lieferer H muss versteuern.
- Der erworbene Gegenstand ist eine verbrauchsteuerpflichtige Ware nach § 1 a (5) S. 2; nach § 3 c (5) ist für verbrauchsteuerpflichtige Waren die Betrachtung von Erwerbsschwelle (§ 3 c (2)) und Lieferschwelle (§ 3 c (3)) nicht erforderlich.
- Sonderfall nach § 3 c; die Beförderung der Ware wird durch den Lieferer H von Frankreich nach D (§ 3 c (1)) bewirkt;
  = Besteuerung dort, wo die Beförderung/Versendung endet – § 3 c (1)
  = in Deutschland steuerbar und steuerpflichtig durch H, in Frankreich nicht steuerbar

g) Abnehmer/Erwerber L ist Unternehmer in Luxemburg; Lieferer S ist Unternehmer (jedoch Kleinunternehmer) in D.
- kein innergemeinschaftlicher Erwerb für S; keine Erwerbsbesteuerung durch S.
- Als Kleinunternehmer (§ 19) berechnet S keine USt.
- Der Umsatz ist von keinem der Beteiligten zu versteuern.

h) Lieferer F ist Unternehmer in Finnland; Abnehmer K ist eine juristische Person in D (Stadt Kaiserslautern), die den Gegenstand nicht für ihr Unternehmen (Standesamt) erwirbt, = Erwerber nach § 1 a (3) Nr. 1 d; jedoch Erwerbsumfang durch K über der Erwerbsschwelle nach § 1 a (3) Nr. 2.
K wird wie ein erwerbender Vollunternehmer behandelt = Erwerbsbesteuerung
- innergemeinschaftlicher Erwerb für K
  steuerbar und steuerpflichtig (§ 3 d) für K in Deutschland
- innergemeinschaftliche Lieferung für F
  steuerbar (§ 3 (6) S. 1) und steuerfrei (§ 4 Nr. 1 b) für F in Finnland

7 a) steuerbare Lieferung, § 1 (1) Nr. 1 i. V. m. § 3 (1) und § 3 (6) S. 1
steuerfreie Ausfuhrlieferung, § 4 Nr. 1 a i. V. m. § 6 (1) Nr. 2

b) steuerbare Lieferung, § 1 (1) Nr. 1 i. V. m. § 3 (1) und § 3 (6) S. 1
steuerfreie Ausfuhrlieferung, § 4 Nr. 1 a i. V. m. § 6 (1) Nr. 1 (Abnehmereigenschaft ohne Bedeutung; Gegenstand gelangt ins Drittland (Oslo-Norwegen))

c) steuerbare, § 1 (1) Nr. 1 i. V. m. § 3 (1) und § 3 (6) S. 1 und
steuerfreie, § 4 Nr. 1 b i. V. m. § 6 a innergemeinschaftliche Lieferung für R

8 H erbringt Lieferungen (unbewegliche Sachen), § 3 (1)

a) nicht steuerbar für H, § 3 (7) S. 1, (Ort der Lieferung nicht im Inland)

b) steuerbare Lieferung, § 3 (7) S. 1, (Ort der Lieferung im Inland)
- b1) Verkauf an Privat:
  steuerfrei, § 4 Nr. 9 a, keine Option nach § 9 möglich
- b2) Verkauf an Unternehmer für dessen Unternehmen:
  steuerpflichtig, wenn Option möglich ist (Verkauf an Unternehmer mit Vorsteuerabzugsrecht) und durch H wahrgenommen wird nach § 9 i. V. m. § 4 Nr. 9 a
- b3) Verkauf an Unternehmer für dessen Unternehmen:
  steuerfrei,
  - wenn keine Option möglich ist (Verkauf an Unternehmer ohne Vorsteuerabzugsrecht; z.B. Arzt) § 9 i.V.m. § 4 Nr. 9 a;
  - wenn Option möglich ist (Verkauf an Unternehmer mit Vorsteuerabzugsrecht), aber H dieses Recht nicht wahrnimmt, § 9 i. V. m. § 4 Nr. 9 a.

9 a) **Grundstück Weinberggasse:**

Vermietung nach § 4 Nr. 12 a steuerfrei; durch Option nach § 9 ergibt sich:

EG:	stb + stpfl	Umsatz an einen anderen Unternehmer für dessen Unternehmen (Abzugsumsätzen) – Bedingungen des § 9 (1) + (2) erfüllt – Option möglich
1.OG:	stb + stfrei	Umsatz nicht an einen Unternehmer; Umweltamt ist hoheitliche Aufgabe – keine Option möglich
2.OG:	stb + stpfl	Umsatz an einen anderen Unternehmer für dessen Unternehmen – Bedingung des § 9 (1) erfüllt Zahnarzt = steuerfreie Umsätze nach § 4 Nr. 14 – Bedingung des § 9 (2) nicht erfüllt – keine Option möglich
3.OG:	stb + stpfl	unentgeltliche Wertabgabe § 3 (9 a) S. 1 Nr. 1

Grundstück Gerberweg:

Vermietung nach § 4 Nr. 12 a steuerfrei; durch Option nach § 9 ergibt sich:

EG:	stb + stpfl	Umsatz an einen anderen Unternehmer für dessen Unternehmen; Tierarzt tätigt Abzugsumsätze – Bedingungen des § 9 (1) + (2) erfüllt – Option möglich
1.OG:	stb + stfrei	Umsatz nicht an einen Unternehmer; Lohnsteuerverein ist kein Unternehmer; erbringt nur Leistungen gegenüber seinen Mitgliedern – keine Option möglich
2.OG:	stb + stfrei	Umsatz an einen anderen Unternehmer für dessen Unternehmen – Bedingung des § 9 (1) erfüllt Grundstücksverwendung durch KG nicht ausschließlich für Umsätze, die den VSt-Abzug nicht ausschließen; KG erbringt mit dem Verkauf der Grundstücke steuerfreie Umsätze (§ 4 Nr. 9 a), die nach § 9 beim Verkauf an Privat nicht optierbar sind; keine Option möglich

b) **Grundstück Weinberggasse:**

				USt	**VSt**
USt:	EG	135 qm × 8,50/qm × 12 Monate = 13.770,00 × 19 % USt =		2.616,30	
	3.OG	86 qm × 8,50/qm × 12 Monate = 8.772,00 × 19 % USt =		1.666,68	
VSt Bewirtschaftung:		10.639,74 × 19/119 = 1.698,78 dav. abzugsfähig 49,11 % =			834,27

$$\frac{135\ \text{qm} + 86\ \text{qm}}{450\ \text{qm gesamt}} = 0{,}4911$$

Grundstück Gerberweg:

USt:	EG	1.200,00 × 2 Monate = 2.400,00 × 19 % USt		456,00	
VSt Bewirtschaftung:		286,19 dav. abzugsfähig 1/3 =			95,40
VSt aus Bau:		104.500,00 dav. abzugsfähig 1/3 =			34.833,33
Summe			**USt:**	**4.738,98**	
Summe			**VSt:**		**35.763,00**
Zahllast = Erstattungsanspruch gegenüber FA					31.024,02

10 a) steuerfreie Ausfuhrlieferung nach § 4 Nr. 1 a durch L; dennoch VSt-Abzug in Höhe von 4.390,00 nach § 15 (3) Nr. 1 a

b) Einnahmen aus Vermietung der Ferienwohnung (54 qm) und der Garage (18 qm) = steuerbar und steuerpflichtig nach § 4 Nr. 12 S. 2

VSt-Abzug:

Dach	9.374,69 dav. USt (× 19/119) =	1.496,80	abziehbar 42,11 %	= 630,30
Fussboden	1.092,72 dav. USt (× 19/119) =	174,47	abziehbar 100 %	= 174,47
Schlösser	420,21 dav. USt (× 19/119) =	67,09	abziehbar 50 %	= 33,55

c) USt-Betrag ist falsch; richtig bei 7 % USt = 20,29 (Zahlendreher!?)
– F kann nur 20,45 (312,66 × 7/107) als VSt abziehen

d) Kauf Lkw = ausschließliche Nutzung für unternehmerische Zwecke
– voller VSt-Abzug (§ 15 (1)) = 29.384,00
Kauf Pkw = gemischt genutztes Fahrzeug des Unternehmers
– voller VSt-Abzug (§ 15 (1)) = 6.726,00
(Privatnutzung wird als unentgeltliche Wertabgabe (§ 3 (9 a) Nr. 1) besteuert)

e) Kein VSt-Abzug möglich, da zoologische Gärten nach § 4 Nr. 20 a steuerfreie Umsätze erbringen und der VSt-Abzug nach § 15 (2) Nr. 1 ausgeschlossen wird.

f) R kann 18,29 VSt abziehen, da Kleinbetragsrechnung, § 33 UStDV.

g) G hat eine steuerfreie innergemeinschaftliche Lieferung ausgeführt, folglich hat L einen steuerpflichtigen innergemeinschaftlichen Erwerb zu versteuern, der nach § 15 (1) Nr. 3 zugleich zum VSt-Abzug berechtigt = 1.853,60 (7 % USt).

h) VSt-Abzug nur für

– Fahrkarte	=	24,14 (151,20 × 19/119)
– Taxi	=	1,59 (24,30 × 7/107)
– Telefon	=	1,02 (6,38 × 19/119)
– Übernachtung	=	9,16 (140 × 7/107)
– Frühstück	=	2,85 (17,85 x19/119)

11

Position	19 % USt	7 % USt	steuerfrei	nicht steuerbar	VSt	Hinweise
a)	8.420,00					
	2.173,00					
		6.139,00				
		3.004,00				
	13.479,00					
	10.476,00					
		19.367,00				
		11.908,00				
b)					6.124,46	
c)				3.279,00		Innenumsatz
d)			2.389,00			Ausfuhrlieferung
e)	80,00	60,00				
f)			4.128,00			ig-Lieferung
g)					399,00	
h)	– 614,94	– 238,47				
i)	32,45					MindestBMG § 10 (5) i. V. m. (4)
j)		3.895,30				
k)	36.268,60					
l)					1.145,68	
m)						keine Wirkung
n)					692,63	7 %
o)	28,90					Mindest-BMG
p)					153,90	

11

Position	19 % USt	7 % USt	steuerfrei	nicht steuerbar	VSt	Hinweise
q)					129,36	abziehbar 70 %
r)					15,52	
Miete	1.300,00		950,00			
Summe	71.643,01	44.134,83	7.467,00	3.279,00	8.660,55	
USt	13.612,17	3.089,44				

Zahllast 16.701,61 – 8.660,55 = 8.041,06

12

Sachverhalt	Art des Umsatzes §	Ort der Leistung §	steuerbar §	steuerfrei §	steuerpflichtig	Bemessungsgrundlage € §	USt €	VSt € §
a)	Werklieferungen, Werkleistungen §3 Abs. 4 +9	Zwickau §3 Abs. 6 + 7 §3 a Abs. 1 + 3	ja §1 Abs. 1	nein	ja	151.687,55 §10 Abs. 1	28.820,63	
b)	Werklieferung §3 Abs. 4	Zwickau §3 Abs. 7	ja §1 Abs. 1	nein	ja	9.269,96 §10 Abs. 1	1.761,29	
c)								6.545,50 §15 Abs. 1 Nr. 1
d)	unentgeltliche Wertabgabe §3 Abs. 1 b Nr. 1	Zwickau 3 Abs. 6	ja §1 Abs. 1	nein	ja	119,40 §10 Abs. 4 Nr. 1	22,69	
e)	Geschenk > 35 €, nicht abziehbare BA		nein					nein
f)	ig-Erwerb §1 a Abs. 1	Zwickau §3 d	ja §1 Abs. 1 Nr. 5	nein	ja	8.835,00 §10 Abs. 1	1.659,65	1.659,65 §15 Abs. 1 Nr 3
g)	Sonstige Leistung §3 Abs. 9	Greiz §3 a Abs. 2	ja §1 Abs. 1	nein	ja	280,00 §10 Abs. 1	53,20	
h)	Innenumsatz		nein					
i)	ig-Lieferung §6 a Abs. 1 Nr. 1	Zwickau §3 Abs. 6	ja §1 Abs. 1	ja §4 Nr. 1 b				
j)	Lieferung §3 Abs. 1 b Nr. 1	Zwickau §3 Abs. 6	ja §1 Abs. 1	nein	ja	65,80 §10 Abs. 1	12,50	
k)	Sonstige Leistung §3 Abs. 9	Franzensbad §3 a Abs. 2	nein					

12

Sach-verhalt	Art des Umsatzes §	Ort der Leistung §	steuer-bar §	steuer-frei §	steuer-pflichtig	Bemessungs-grundlage € §	USt €	VSt € §
l)								26,39 § 15 Abs. 1
m)	Fahrkarte Taxifahrt Mittag-essen							7,94 0,94 3,53 § 15 Abs. 1
n)								47,74 § 15 Abs. 1
o)								19.374,67 § 15 Abs. 1
	Summe Ust-Vor-auszahlung						32.329,96 4.663,60	27.666,36

13

Sach-verhalt	Art des Umsatzes §	Ort der Leistung §	steuer-bar §	steuer-frei §	steuer-pflichtig	Bemessungs-grundlage §	USt	VSt §
1	i.g. Liefe-rung § 1 a Abs. 1	Chemnitz § 3 Abs. 6	ja § 1 Abs. 1 Nr. 1	ja § 4 Nr. 1 b)	nein	entfällt	entfällt	entfällt
2	sonstige Leist. § 3 Abs. 9	Chemnitz § 3 a Abs. 2	ja § 1 Abs. 1 Nr. 1	nein	ja	420,00 § 10 Abs. 1 Sätze 1 und 2	79,80	–
3	Lieferung § 3 Abs. 1	Chemnitz § 3 Abs. 6	ja § 1 Abs. 1 Nr. 1	nein	ja	500,00 § 10 Abs. 1 Sätze 1 und 2	95,00	–
4	unentgeltl. sonst. Leist. § 3 Abs. 9 a Nr. 2	Nieder-wiesa § 3 a Abs. 3 Nr. 3 c)	ja § 1 Abs. 1 Nr. 1	nein	ja	150,00 § 10 Abs. 4 Nr. 3	28,50	–
5	i. g. Ver-bringen § 1 a Abs. 2	Chemnitz § 3 d	ja § 1 Abs. 1 Nr. 5	nein	ja	5.400,00 § 10 Abs. 1 Sätze 1 und 2	1.026,00	1.026,00
6	Lieferung § 3 Abs. 1	Chemnitz § 3 Abs. 6	ja § 1 Abs. 1 Nr. 1	nein	ja	1.000,00 § 10 Abs. 5 Nr. 1 i. V. m. Abs. 4 Nr. 1	190,00	–
7	Werkliefe-rung § 3 Abs. 4	Freiberg § 3 Abs. 7	ja § 1 Abs. 1 Nr. 1	nein	ja	2.500,00 § 10 Abs. 1 Sätze 1 und 2	475,00	–
8	unentgeltl. Wertab-gabe § 3 Abs. 1 b Nr. 1	Chemnitz § 3 Abs. 6	ja § 1 Abs. 1 Nr. 1	nein	ja	30,00 § 10 Abs. 4 Nr. 1	5,70	–

13

Sach-ver-halt	Art des Umsatzes §	Ort der Leistung §	steuer-bar §	steuer-frei §	steuer-pflichtig	Bemessungs-grundlage §	USt	VSt §
9	Lieferung §3 Abs. 1	Chemnitz §3 Abs. 6	ja §1 Abs. 1 Nr. 1	nein	ja	598,13 §10 Abs. 1 Sätze 1 und 2	41,87	–
10	kein Umsatz, da echter Schadens-ersatz	entfällt	nein	entfällt	entfällt	entfällt	entfällt	entfällt

14

Nr.	Art des Umsatzes §	Ort der Leistung §	steuer-bar §	steuer-frei §	steuer-pflichtig	Bemessungs-grundlage € §	USt €	VorSt € §
1	sonstige Leistung §3 Abs. 9	Schweiz §3 a Abs. 4 Nr. 3	nein	entfällt	entfällt	entfällt	entfällt	entfällt
2	sonstige Leistung §3 Abs. 9	Bregenz §3 a Abs. 2 S. 1	nein	entfällt	entfällt	entfällt	entfällt	entfällt
3	sonstige Leistung §3 Abs. 9	Friedrichs-hafen §3 a Abs. 2 S. 1	ja §1 Abs. 1 Nr. 1	nein	ja	672,27 §10 Abs. 1	127,73	keine
4	sonstige Leistung §3 Abs. 9 a Nr. 1	Konstanz §3 a (1)	ja §1 Abs. 1 Nr. 1	nein	ja	1% v. 65.400 –20% 523,20	99,41	entfällt
5	kein Umsatz echter Mitglieds-beitrag	entfällt	nein	entfällt	entfällt	entfällt	entfällt	entfällt
6	sonstige Leistung §3 Abs. 9	Konstanz §3 a Abs. 3 Nr. 1	ja §1 Abs. 1 Nr. 1	nein Option §9	ja	1500,00 §10 Abs. 1	285,00	152,00
7	sonstige Leistung §3 Abs. 9	Konstanz §3 a Abs. 3 Nr. 1	ja §1 Abs. 1 Nr. 1	ja, keine Option §9 Abs. 2	nein	entfällt	entfällt	nein
8	Innen-umsatz	Konstanz	nein	entfällt	entfällt	entfällt	entfällt	ja, siehe Auftei-lung Nr. 10
9	sonstige Leistung §3 Abs. 9	Konstanz §3 a Abs. 3 Nr. 1	ja	ja §4 Nr. 12 a	nein	entfällt	entfällt	nein
10	Aufteilung der Vorsteuer für die Fassade 280/500 von 950,00 (Anteil für Apotheke + Kanzlei) zuzügl. Eingangstüre Apotheke 152,00							684,00

3 Einkommensteuer

Übungen zu 3.1.1 bis 3.1.4

1

Einkünfte aus nichtselbstständiger Arbeit	44.000,00
+ Einkünfte aus Vermietung und Verpachtung	7.250,00
Summe der Einkünfte/Gesamtbetrag der Einkünfte	51.250,00
– Sonderausgaben	4.150,00
– außergewöhnliche Belastungen	1.000,00
Einkommen/zu versteuerndes Einkommen	46.100,00

2

Einkünfte aus nichtselbstständiger Arbeit	44.200,00
+ Einkünfte aus Gewerbebetrieb	7.500,00
+ Einkünfte aus Vermietung und Verpachtung	9.100,00
Summe der Einkünfte	60.800,00
– Altersentlastungsbetrag	1.900,00
Gesamtbetrag der Einkünfte	58.900,00
– Sonderausgaben	3.200,00
– außergewöhnliche Belastungen	2.000,00
Einkommen	53.700,00

3

Einkünfte aus Gewerbebetrieb	32.000,00
Einkünfte aus Vermietung und Verpachtung	14.200,00
+ sonstige Einkünfte	4.450,00
Summe der Einkünfte/Gesamtbetrag der Einkünfte	50.650,00
– Verlustabzug	4.000,00
– außergewöhnliche Belastungen	3.700,00
– Sonderausgaben	1.900,00
Einkommen/zu versteuerndes Einkommen	41.050,00

4

Einkünfte aus nichtselbstständiger Arbeit	4.000,00
Summe der Einkünfte/Gesamtbetrag der Einkünfte	4.000,00
– Sonderausgaben	468,00
Einkommen/zu versteuerndes Einkommen	3.532,00

Die Einkommensteuer beträgt 0,00, da das zu versteuernde Einkommen unter dem Grundfreibetrag liegt.

Fall 1

Ja, beide sind gem. § 1 (1) EStG unbeschränkt einkommensteuerpflichtig, da alle Voraussetzungen vorliegen. Die Nationalität und das Alter sind unerheblich.

Übungen zu 3.1.5 und 3.1.6

1
a) unbeschränkt einkommensteuerpflichtig gem. § 1 (1) EStG
b) unbeschränkt einkommensteuerpflichtig gem. § 1 (1) EStG
c) unbeschränkt einkommensteuerpflichtig gem. § 1 (1) EStG
d) unbeschränkt einkommensteuerpflichtig gem. § 1 (1) EStG
e) beschränkt einkommensteuerpflichtig gem. § 1 (4) EStG
f) nicht steuerpflichtig gem. § 2 AO
g) unbeschränkt einkommensteuerpflichtig gem. § 1 (2) EStG
h) beschränkt einkommensteuerpflichtig gem. § 1 (4) EStG
i) unbeschränkt einkommensteuerpflichtig gem. § 1 (2) EStG
j) unbeschränkt einkommensteuerpflichtig gem. § 1 (3) EStG (auf Antrag)
k) unbeschränkt einkommensteuerpflichtig gem. § 1 (3) EStG (auf Antrag)
l) unbeschränkt einkommensteuerpflichtig gem. § 1 (1) EStG
m) nicht steuerpflichtig, da weder Wohnsitz noch dauernder Aufenthalt in Deutschland, auch der Arbeitslohn wird nicht von einer inländischen öffentlichen Kasse bezogen. Vgl. H 1 a EStR

2 Herr Kostadinos ist in Deutschland unbeschränkt einkommensteuerpflichtig i. S. d. § 1 (1) EStG, da er seinen Wohnsitz hier hat. Auf Antrag kann seine Ehefrau als unbeschränkt steuerpflichtig behandelt und mit ihm zusammen veranlagt werden. § 1 a (1) Nr. 2 EStG

3
a) völlig steuerfrei gem. § 3 Nr. 51 EStG
b) völlig steuerfrei gem. § 3 Nr. 1 a EStG
c) völlig steuerfrei gem. § 3 Nr. 2 a EStG
d) steuerpflichtig, da in § 3 EStG nicht aufgeführt
e) völlig steuerfrei gem. § 3 Nr. 24 EStG
f) völlig steuerfrei gem. § 2 AO
g) steuerfrei gem. § 3 b (1) Nr. 1 EStG
h) steuerpflichtig, da in § 3 EStG nicht als steuerfrei aufgeführt
i) völlig steuerfrei gem. § 3 Nr. 58 EStG
k) völlig steuerfrei gem. § 3 Nr. 38 EStG, da Wert unter 1.080,00/Jahr
l) steuerfrei nach § 3 Nr. 26 EStG
m) steuerfrei nach § 3 Nr. 1 a
n) steuerpflichtig (Einkünfte i. S. d. § 19 EStG)
o) in vollem Umfang steuerfrei § 3 Nr. 67 EStG
p) steuerfrei nach § 3 Nr. 26 a EStG

Fall 2

	Betriebsvermögen am Ende des Wirtschaftsjahres	40.000,00
–	Betriebsvermögen am Beginn des Wirtschaftsjahres	20.000,00
	Differenz	20.000,00
+	Entnahmen	7.500,00
	Gewinn	27.500,00

Übung zu 3.1.7

1 a) Der gesamte Verlust gilt in dem Kalenderjahr als bezogen, in dem das Wirtschaftsjahr endet (= 2021).
b) 12.500 € im Jahr 2020 und 12.500 € im Jahr 2021
c) 40.000 € Gewinn aus dem Wirtschaftsjahr 2020/2021 und der Gewinn des Rumpfwirtschaftsjahres von 35.000 € wurden 2021 bezogen.

2 a) Überschussrechnung
b) Betriebsvermögensvergleich
c) Betriebsvermögensvergleich
d) Betriebsvermögensvergleich
e) Überschussrechnung

3 a) notwendiges Betriebsvermögen
b) Erdgeschoss und Stockwerke 1 bis 3 sind notwendiges Betriebsvermögen, viertes Stockwerk kann als gewillkürtes Betriebsvermögen behandelt werden, fünftes Stockwerk zwingend notwendiges Privatvermögen.
c) notwendiges Privatvermögen
d) weder Betriebs- noch Privatvermögen, da im Eigentum von Dritten
e) gewillkürtes Betriebsvermögen
f) notwendiges Privatvermögen
g) notwendiges Betriebsvermögen
h) notwendiges Betriebsvermögen

4 60.000,00 – 35.000,00 = 25.000,00

5

	Betriebsvermögen am Schluss des Wirtschaftsjahres	45.000,00
–	Betriebsvermögen am Schluss des vorangegangenen Wirtschaftsjahres	35.000,00
+	Entnahmen	22.500,00
–	Einlagen	7.500,00
=	Gewinn	25.000,00

Fall 3

Mietzahlung:	2021, da regelmäßig wiederkehrende Ausgabe, die kurze Zeit nach Ende des Jahres geleistet wird, in das sie wirtschaftlich gehört
Honorarforderung:	2022, da sie keine regelmäßig wiederkehrende Einnahme ist und deshalb dem Jahr zuzuordnen ist, in dem sie vereinnahmt wurde

Fall 4

BE:

Einnahmen aus freiberuflicher Tätigkeit	70.000,00
Teilwert des PC	595,00
Schreibtisch, Entgelt + USt	2.300,00

Der Zufluss des Kredites stellt keine Einnahme dar.

BA:

Restbuchwert des PC	1.000,00
Kauf des Firmenwagens (19 % Vorsteuer)	5.700,00
AfA stellt gleichfalls BA dar	7.500,00

(25 % AfA für 12 Monate)

Restbuchwert des Schreibtisches	0,00

Übungen zu 3.1.8

1
a) 2021
b) 2020
c) 2021
d) 2022

2

a)	BA +	350,00	(Vorsteuer wird erst bei Zahlung, d. h. 2022 zu BA)
b)	BE +	11.500,00	
c)	wie BA	12.000,00	(wenn § 7 g EStG erfüllt)
d)	—		
e)	BE +	200,00	

3

Nr.	Erklärung	+ Betriebseinnahmen	–	+ Betriebsausgaben	–
		320.000,00		180.000,00	
a)	BE in Höhe des Teilwerts	100,00			
b)	ESt ist eine private Steuer		4.400,00		
c)	Zufluss keine BE, Damnum in voller Höhe BA		29.400,00	600,00	120,00
d)	nur Zinsen sind BA			1.200,00	2.000,00
e)	12,5 % lineare AfA vom Bruttobetrag			3.750,00	
f)	korrekt				
g)	BE korrekt, Restbuchwert BA			1.500,00	
h)	Forderungsverlust keine BA				5.000,00
	Summen	320.100,00	33.800,00	187.050,00	7.120,00

Gewinn = 106.370,00

4

	BE +	BE –	BA +	BA –
a) Geldfluss gem. § 11 (2) EStG als BA zu erfassen			2.880,00	
b) Geldfluss gem. § 11 (2) EStG als BA zu erfassen; VSt = BA			428,00	
c) keine Buchung, BA erst bei Verkauf, keine AfA				
d) korrekt, keine Aufzeichnung				
e) korrekt, Aufmerksamkeit, USt = BA			5,70	
f) Storno				9.520,00
25 % AfA = BA (degr. AfA für sechs Monate von 4.800 €)			600,00	
gezahlte USt = BA			1.520,00	
Hinzurechnung Investitionsabzugsbetrag = BE[1]	3.200,00			
20 % § 7 g Abs. 5 = BA			960,00	
40 % AK-Herabsetzung, max Inv.abzugsbetrag = BA			3.200,00	
g) ESt = privat, keine BE		980,00		
USt-VZ = BA			2.280,00	
h) Spende ist privat, keine BA				500,00

[1] Die Hinzurechnung kann auch außerhalb der Gewinnermittlung erfolgen.

	BE +	BE –	BA +	BA –
i) Entgelt + USt = BE Restbuchwert wäre BA (aber: Null)	59,50			
k) Diebstahl von UV ist keine BA, da bereits bei Zahlung an den Lieferanten als BA gebucht, Erstattung = BE	650,00			150,00
l) Privateinzahlung keine BE		1.250,00		

Berichtigter Gewinn: 14.665,80

5

	BE +	BE –	BA +	BA –
a) in Ordnung				
b) Verkauf = korrekt, Anschaffungskosten = BA beim Verkauf			22.000,00	
c) in Ordnung				
d) 10-Tage-Regel				1.190,00
e) i.O., keine Aufzeichnung				
f) Forderungsverluste, keine BA				1.740,00
g) Zuflussprinzip	400,00			
h) regelmäßig wiederkehrende Zahlung = i.O.				
i) bezahlte USt = BA; 25 % degr. AfA, 5 Monate			1.105,80 612,50	
k) 70 % BA, USt = BA			80,10	
l) i.O., nicht abzugsfähige BA				
m) GWG ≤ 800 €			400,00	
n) Zinsen = BA = i.O. Tilgung = keine BA				5.000,00

3.2 Bewertung des Betriebsvermögens
Fall 5

	Kaufpreis	90.000,00	
+	5 % Grunderwerbsteuer	4.500,00	
+	Maklergebühren	2.700,00	
+	Notariatskosten	1.300,00	
+	Auflassung	140,00	
=	Anschaffungskosten	98.640,00	(Bilanzansatz)

Die abziehbare VSt gehört nicht zu den Anschaffungskosten (§ 9 b (1) EStG).

Übungen zu 3.2.1.1

1

	Listenpreis + Nebenkosten	62.850,00
+	Nummernschilder	60,00
+	Zulassung	70,00
=	Anschaffungskosten	62.980,00

Die abziehbare VSt gehört nicht zu den Ak.

2

	Kaufpreis	34.400,00
+	Zulassung	36,00
+	Kennzeichen	50,00
	Anschaffungskosten	34.486,00

Der gewährte Rabatt mindert die Anschaffungskosten. Die abziehbare VSt gehört nicht zu den AK. Die 1. Tankfüllung stellt Kfz-Betriebskosten dar.

3

	Kaufpreis	80.000,00
–	2 % Skonto	1.600,00
+	Fracht	800,00
+	Transportversicherung	110,00
+	Montage	2.200,00
=	Anschaffungskosten	81.510,00

Die abziehbare VSt gehört nicht zu den Ak.

4

	Kaufpreis	400.000,00	
+	5 % Grunderwerbsteuer	20.000,00	
+	Maklerprovision	11.900,00	
+	Notariatskosten	4.760,00	
+	Grundbuchgebühren	400,00	
=	Ak insgesamt	437.060,00	Die nichtabziehbare VSt (Wohnungen) gehört zu den Ak.
	davon entfallen auf		
	15 % Grund und Boden	65.559,00	
	85 % Gebäude	371.501,00	

5

500 Aktien zum Stückkurs von 280,00	= 140.000,00
+ Spesen	
Bankprovision 1 %	1.400,00
Courtage 0,75 ‰	105,00
Auslagen	20,00
Anschaffungskosten	= 141.525,00

Fall 6

	Fertigungsmaterial	60.000,00
+	20 % Materialgemeinkosten	12.000,00
	Fertigungslöhne	46.000,00
+	180 % Fertigungsgemeinkosten	82.800,00
+	Sondereinzelkosten der Fertigung	40.000,00
	aktivierungspflichtige Herstellungskosten	240.800,00

Übungen zu 3.2.1.2

1		Fertigungsmaterial	20.000,00
	+	12 % Materialgemeinkosten	2.400,00
		Fertigungslöhne	36.000,00
	+	160 % Fertigungsgemeinkosten	57.600,00
	+	Sondereinzelkosten der Fertigung	8.000,00
		aktivierungspflichtige Herstellungskosten	124.000,00
	+	8 % Verwaltungsgemeinkosten	9.920,00
		aktivierungsfähige HK	133.920,00

2		Fertigungsmaterial	50.000,00
	+	10 % Materialgemeinkosten	5.000,00
		Fertigungslöhne	30.000,00
	+	Sozialversicherungsbeiträge	12.000,00
	+	freiwillige soziale Leistungen (Wahlrecht)	0,00
	+	Sondereinzelkosten (Bauplan)	4.500,00
		aktivierungspflichtige Herstellungskosten	101.500,00

3		Fertigungsmaterial	80.000,00	
	+	Anschlüsse an Versorgungsnetz	15.000,00	
	+	Maschendrahtzaun	6.000,00	
	+	Materialgemeinkosten	14.000,00	
		Fertigungslöhne	120.000,00	
	+	Fertigungsgemeinkosten	90.000,00	
	+	Sondereinzelkosten (Baupläne)	12.000,00	
	+	Zinsen für Fremdkapital	0,00	(Wahlrecht, § 255 (3) HGB, R 6.3 (5) EStR)
a)		Wertuntergrenze in der HB u. StB (§ 6 (1) Nr. 1 b EStG)	337.000,00	
	+	10 % Verwaltungsgemeinkosten	33.700,00	
b)		Wertobergrenze in der HB u. StB	370.700,00	

Die Abbruchkosten sind Betriebsausgaben, H 6.4 a EStH. Bei der Berechnung der Wertobergrenze können auch die auf die Bauzeit entfallenden Zinsen einbezogen werden. In diesem Fall beträgt die Wertobergrenze 379.500,00 (345.000,00 + 10 % Vwgk 34.500,00).

Fall 7

	Anschaffungskosten	80.000,00	
–	AfA 11,11 % × $\frac{6}{12}$	~ 4.444,00	
–	Teilwert-AfA	65.556,00	a)
	Bilanzansatz 31.12.	10.000,00	b)

Übungen zu 3.2.1.3

1

	Anschaffungskosten	21.000,00
–	AfA (2020) $33\frac{1}{3}$ %	3.500,00
	Buchwert 31.12.2020	17.500,00
–	AfA (2021) $33\frac{1}{3}$ %	7.000,00
–	**Teilwert-AfA**	**5.500,00**
	Buchwert 31.12.2021	5.000,00

2

	Anschaffungskosten	96.000,00
–	AfA (2019) 12,5 % × $\frac{9}{12}$	9.000,00
	Buchwert 31.12.2019	87.000,00
–	AfA (2020) 12,5 %	12.000,00
	Buchwert 31.12.2020	75.000,00
–	AfA (2021) 12,5 %	12.000,00
–	**Teilwert-AfA**	**55.000,00**
	Buchwert 31.12.2021	8.000,00

3

	Anschaffungskosten	90.000,00	
–	AfA 2019 $\frac{1}{9}$ × $\frac{9}{12}$	7.500,00	
	Buchwert 31.12.2019	82.500,00	
–	AfA 2020 $\frac{1}{9}$ der AK	10.000,00	
	Buchwert 31.12.2020	72.500,00	
–	AfA 2021 $\frac{1}{9}$ der AK	10.000,00	
–	**Teilwert-AfA**	**61.700,00**	b)
	Buchwert 31.12.2021	800,00	a)

4

	Herstellungskosten	1.200.000,00
–	AfA (2020) 3 %	36.000,00
–	AfA (2021) 3 %	36.000,00
–	**Teilwert-AfA**	**328.000,00**
	Buchwert 31.12.2021	800.000,00

Fall 8

Bilanzansatz 2018	Ak 180.000,00
Bilanzansatz 2019	126.000,00
(dauernde Wertminderung)	
Bilanzansatz 2021	max. Ak 180.000,00

Übungen zu 3.2.2.1

1

a)	Bilanzansatz 2019	Ak 80.000,00	
b)	Bilanzansatz 2019	76.000,00 [1]	
	Bilanzansatz 2020	74.000,00	
	Bilanzansatz 2021	80.000,00	höchstens Ak (Wertaufholungsgebot)

2

	Anschaffungskosten	120.000,00	
–	AfA 10 % × $\frac{10}{12}$	10.000,00	
	Buchwert 31.12.2019	110.000,00	
–	AfA 10 %	12.000,00	
–	Teilwert-AfA	98.000,00	§ 253 (2) HGB (außerplanmäßige AfA zwingend)
	Buchwert 31.12.2020	0,00	

[1] Steuerrechtlich besteht ein Wahlrecht zwischen Anschaffungskosten oder niedrigerem Teilwert § 6 (1) Nr. 2 EStG. Da es sich jedoch um einen buchführungspflichtigen Gewerbetreibenden handelt, muss die **dauernde Wertminderung** in der Handelsbilanz berücksichtigt werden. Bei Finanzanlagen kann auch bei einer nicht dauernden Wertminderung eine außerplanmäßige Abschreibung vorgenommen werden, § 253 (2) HGB. Dieser Ansatz ist dann auch maßgeblich für die Steuerbilanz.

3	Anschaffungskosten	120.000,00	
	– planmäßige AfA 2019	10.000,00	
	– planmäßige AfA 2020	12.000,00	
	– planmäßige AfA 2021	12.000,00	
	Buchwert 31.12.2021	86.000,00	a) + b)

Wertaufholung (Zuschreibung) auf 86.000,00; sowohl in der HB als auch in der StB § 253 (5) HGB, § 6 (1) Nr. 1 S. 4 EStG

4 a) Wertaufholung max. 200.000,00 auf Ak!
b) Gewinnerhöhung um 200.000,00

Fall 9

Bilanzansatz 31.12.2020	26.000,00	(Niederstwertprinzip)
Bilanzansatz 31.12.2021 (maximal 10 % der ursprünglichen Anschaffungskosten)	3.000,00	(Wertaufholungsgebot)

Übungen zu 3.2.2.2

1	a)	Bilanzansatz 31.12.2020	18.000,00	(Niederstwertprinzip)
	b)	Bilanzansatz 31.12.2020	20.000,00	(max. Ak)
	c)	Bilanzansatz 31.12.2021 (Restposten)	600,00	(5% von 12.000)
2	a)	1000 × 320,00 =	320.000,00	
		+ Spesen	5.600,00	
		Anschaffungskosten	325.600,00	
		Bilanzansatz 31.12.2020	325.600,00	(max. Ak)
	b)	500 × 280,00 =	140.000,00	(Börsenkurs 31.12.2020)
		– Spesen $\frac{5.600 \times 280 \times 500}{320 \times 1000}$	= 2.450,00	(Spesenabzug, da Verkauf unmittelbar bevorsteht)
		Bilanzansatz 31.12.2021	137.550,00	(niedriger beizulegender Wert)
3		Herstellungskosten	17.000,00	
		Teilwert (netto)	16.000,00	(Bilanzansatz 31.12.2020; Niederstwertprinzip)

Fall 10

Anschaffungskosten 80.000 $: 1,10	=	72.727,27	
Bilanzansatz 31.12.2021 Kurs 1,15	=	72.727,27	(Untergrenze: Ak)
Bilanzansatz 31.12.2021 Kurs 1,05	=	76.190,48	(höherer Teilwert bei dauernder Werterhöhung)

Übungen zu 3.2.2.3

1 Anschaffungskosten $\frac{31.200.000 \times 1}{130,0}$ = 240.000,00

a) 240.000,00 (AK) , nicht realisierter Gewinn darf nicht ausgewiesen werden

b) $\frac{235.471,69 \times 3}{10}$ = 70.641,51 (UV = Niederstwertprinzip)

2 a) 240.000,00 (Nennwert)
b) Damnum: 6 % von 240.000,00 = 14.400,00
ist bei Zufluss des Darlehens zu aktivieren und auf die Laufzeit zu verteilen

$\frac{14.400 \times 9}{60}$ = 2.160,00

Bilanzansatz Damnum 31.12.2021 14.400,00 – 2.160,00 = 12.240,00

3

Anschaffungskosten	200.000 : 1,00	= 181.818,18	
a) Bilanzansatz 31.12.2021	200.000 : 1,08	= 185.185,18	(höherer TW, wenn Werterhöhung nicht nur vorübergehend)
b) Bilanzansatz 31.12.2021	Kurs 1,12	= 181.818,18	(AK)

Fall 11

Entnahmewert (= Teilwert) 6.000,00 (netto) + USt
§ 6 (1) Nr. 4 EStG

Übungen zu 3.2.2.4

1 a) 12 % von 46.600,00 = 5.592,00
(1 % pro Monat)

b) **Kfz-Kosten**

Benzin, Reparaturen	2.200,00
Kfz-Steuer/-Vers.	800,00
AfA	6.400,00
Gesamtkosten	9.400,00
davon 30 % =	2.820,00

2

	Anschaffungskosten	860,00	(inkl. Bezugskosten)
	Ansatz Entnahme:		
a)	Wiederbeschaffungskosten	750,00	(inkl. Bezugskosten)
b)	Entnahmeverlust	110,00	

3

Anschaffungskosten	18.315,00	
Entnahmewert:		
Kurswert	25.000,00	
Spesen	400,00	
	25.400,00	(Wiederbeschaffungkosten)

4 Entnahme mit dem Buchwert, § 6 (1) Nr 4 Satz 5 EStG, 1.200,00

Fall 12

	Anschaffungskosten	34.500,00	(brutto, da privat angeschafft)
–	AfA § 7 (1) EStG 2019	5.750,00	
–	AfA 2020	5.750,00	
–	AfA zeitanteilig 2021	2.875,00	
	fortgeführte Ak 03.07.2021	20.125,00	
	Ansatz mit dem TW	18.000,00	(= BMG für weitere AfA)
	bzw.	21.000,00	(BMG für weitere AfA 20.125,00)

Übungen zu 3.2.2.5

1 a) Einlage mit 75.000,00 (da WG innerhalb der letzten drei Jahre vor dem Zuführungszeitpunkt angeschafft wurde; § 6 (1) Nr. 5 a) EStG

b) Einlage mit 40.000,00 (Teilwert)

2

	Anschaffungskosten	12.495,00	(privat angeschafft)
–	AfA 2019 zeitanteilig $\frac{8}{12}$	1.388,33	
–	AfA 2020	2.082,50	
–	AfA 2021 zeitanteilig $\frac{4}{12}$	694,17	
	fortgeführte Ak 03.05.2021	8.330,00	
	Ansatz mit den fortgeführten Ak	8.330,00	(= BMG für weitere AfA)

Fall 13

Das Gerät kann als **GWG** bewertet werden:

- Ak netto ≤ 800,00
- abnutzbares bewegliches WG des AV
- selbstständig nutzungsfähig

dass der Vorsteuerbetrag umsatzsteuerrechtlich nicht abziehbar ist, spielt keine Rolle, R 9 b (2) EStR.

Übungen zu 3.2.3

1 a)

	Rechnungsbetrag	2.400,00	(netto)
–	4 % Mengenrabatt	96,00	
	Zieleinkaufspreis	2.304,00	
–	3 % Skonto	69,12	
	Anschaffungskosten	2.234,88	Sammelposten, da einzelnes WG > 250,00 ≤ 1.000,00

b) GWG, da AK je Schreibtisch 558,72 ≤ 800,00

c) Gewinnminderung bei Poolbildung: 2.234,88 × 20 % = 446,98; bei GWG 2.234,88

2 Die Ak der Lampe können in voller Höhe, einschließlich USt, als Betriebsausgabe abgesetzt werden, da die Ak netto ≤ 250,00 betragen und die Lampe dem Betrieb dient, § 4 (4). Die nicht abziehbare Vorsteuer gehört zu den Ak, R 9 b (2) EStR.

3 Kinosessel stellen **keine für sich selbstständig nutzungsfähige WG** dar, (H 6.13 ABC EStH). Die Stühle können nicht als GWG i. S. d. § 6 (2) behandelt werden.

4 Die Bewertungsfreiheit kann nur im Jahr der Anschaffung/Herstellung in Anspruch genommen werden, wenn die Voraussetzungen des § 6 (2) EStG vorliegen.
Eine Nachholung in späteren Jahren ist nicht möglich, H 6.13 EStH.
Der Schreibtischstuhl hätte 2021 in voller Höhe als Betriebsausgabe abgesetzt werden können.

Fall 14

Die Sonder-AfA nach § 7 g EStG kann in der Steuerbilanz angesetzt werden, wenn die Voraussetzungen des § 7 g (1) EStG vorliegen.

Übungen zu 3.2.4

1 a) Steuerbilanzansätze:

Anschaffungskosten	100.000,00	
niedriger Teilwert oder Zwischenwert	90.000,00	
b) Ansatz	90.000,00	(Maßgeblichkeitsgrundsatz)
c) Teilwert	90.000,00	(TW = Untergrenze, zwingende steuerliche Vorschrift)

2 Der **Handelsbilanzansatz verstößt nicht gegen zwingende steuerliche Vorschriften.** Er ist zulässig für die StB aber nicht bindend (= steuerliches Wahlrecht!).

3 Nach § 7 (4) Nr. 1 EStG ist das Gebäude (Wirtschaftsgebäude) mit 3 % abzuschreiben. Die Handelsbilanz ist nicht maßgeblich, da die handelsrechtlich zulässige AfA nicht der steuerlich gebotenen AfA entspricht.

	Steuerbilanzansatz:	240.000,00
–	3 % AfA	7.200,00
	Buchwert 31.12.2021	232.800,00

4 Eine Rückstellung für unterlassene Instandhaltung ist auch in der Steuerbilanz zulässig, da die Arbeiten innerhalb von 3 Monaten nach dem Bilanzstichtag durchgeführt werden.

Fall 15

	Anfangsbestand 50 Hosen		=	2.840,00
+	Zugänge	180 à 56,00	=	10.080,00
		120 à 38,00	=	4.560,00
		160 à 64,00	=	10.240,00
		240 à 72,00	=	17.280,00
		750 Hosen	=	45.000,00
	1 Hose		=	60,00
	Bestand	86 Hosen à 60,00	=	5.160,00

Übungen zu 3.2.5

1 Anschaffungskosten 8.600,00 Der Skontoabzug kann erst im Jahr 2022 berücksichtigt werden, H 6.2 EStH

2

	Anfangsbestand	20 Paar Socken	=	130,00	(Paar à 6,50)
+	Zugänge	40 Paar Socken à 6,40	=	256,00	
		30 Paar Socken à 5,30	=	159,00	
		50 Paar Socken à 7,10	=	355,00	
		60 Paar Socken à 7,70	=	462,00	
		200 Paar Socken	=	1.362,00	
	1 Paar Socken		=	6,81	
a)	Bestand	35 Paar Socken	=	238,35	
b)	Lifo-Methode	20 Paar Socken à 6,50	=	130,00	
		15 Paar Socken à 6,40	=	96,00	
		35 Paar Socken	=	226,00	

3 a) Wertaufhellungsprinzip

	Netto-Forderung	15.000,00	
–	60 % Abschreibung	9.000,00	
	Bilanzansatz 31.12.2020	6.000,00	USt-Korrektur erfolgt erst bei eingetretenem Zahlungsausfall, § 17 UStG

Die Zahlungsschwierigkeiten sind vor dem Bilanzstichtag eingetreten.

b) Bilanzansatz 31.12.2020 17.850,00
Die Zahlungsschwierigkeiten sind erst nach dem Bilanzstichtag eingetreten.

4 Das Verhalten verstößt gegen das Prinzip der Bewertungsstetigkeit, welches besagt, dass einmal gewählte Bewertungsverfahren grundsätzlich beizubehalten sind, § 252 (6) HGB.

5

Festwert	31.12.2017	30.000,00	= 100 %
Bestand	31.12.2021	36.000,00	
Wertabweichung		6.000,00	= $16\frac{2}{3}$ %

Zum 31.12.2021 ist ein neuer Festwert anzusetzen mit 36.000,00.
Der Zugang ab 01.01.2021 ist in Höhe von 6.000,00 zur Aufstockung des Festwerts zu benutzen, R 5.4 (3) EStR. Die restlichen 1.000 € sind als Aufwand zu buchen.

Fall 16

a) Bilanzänderung: zulässiger Bilanzansatz soll durch einen anderen zulässigen Bilanzansatz ersetzt werden.

b) Bilanzänderungen sind nur zulässig, wenn sie in einem engen zeitlichen und sachlichen Zusammenhang mit einer Bilanzberichtigung stehen, § 4 (2) Satz 2 EStG.

Übungen zu 3.2.6

1 Das eigenbetrieblich genutzte Grundstück ist notwendiges Betriebsvermögen. Eine Bilanzberichtigung ist nicht möglich, da der Ansatz nicht gegen zulässige Vorschriften des EStG/HGB verstößt.

2 a) Bilanzänderung, da zulässiger Bilanzansatz durch einen anderen zulässigen Bilanzansatz ersetzt werden soll.
b) Das Finanzamt kann dem Antrag nur insoweit stattgeben, als die Bilanzänderung die zuvor erfolgte Bilanzberichtigung nicht übersteigt, also in Höhe von 5.000,00.

Fall 17

2021: 333,33 (gerundet: 334)
2022 : 400,00

Fall 18

Abschreibungssatz: 25 %	
Anschaffungskosten	50.000,00
AfA 2020 (10 Monate)	10.416,67
Restbuchwert 31.12.2020	39.583,33
AfA 2021 (25 % von 39.583,33)	9.895,83
AfA 2022 (25 % von 29.687,50)	7.421,88

Fall 19

Abschreibungsbetrag im 1. Jahr (2020): 22.500,00
Nach acht Jahren degressiver Abschreibung sollten die letzten drei Jahre linear abgeschrieben werden, (erste lineare Abschreibung 2027).

Fall 20

76.000,00 : 19.000 Std. = 4,00/Std.
4,00/Std. × 4.200 Std. = 16.800,00 im Anschaffungsjahr

Übungen zu 3.3.1 – 3.3.5

1

Anschaffung	**2021**	
a) lineare Abschreibung:	25,00 %	5.000,00
b) lineare Abschreibung:	20,00 %	1.600,00
c) lineare Abschreibung:	12,50 %	5.250,00
d) lineare Abschreibung:	10,00 %	1.750,00
e) lineare Abschreibung:	8,33 %	833,33
f) lineare Abschreibung:	6,67 %	2.320,00

2 a) degressive Abschreibung, pro rata temporis (10 Monate), AHK: 3.360,00; Abschreibungssatz: 25 %, Abschreibungsbetrag = 700,00

b) degressive Abschreibung: 665 €

3 degressive Abschreibung, Abschreibungssatz: 20,83 %.

	AHK	100.000,00	
–	20,83 % AfA 2021	10.417,00	(gerundet, 6 Monate)
	Restbuchwert 2021	89.583,00	
–	20,83 % AfA 2022	18.661,00	
		70.992,00	

4 1.200 × $16\frac{2}{3}$ % : 12 Monate = 16,67

5 Linearer Abschreibungssatz: 12,5 %; 11 Monate im Anschaffungsjahr

AHK	40.000,00
AfA 1. Jahr	4.583,33
	5.416,67
AfA 2. Jahr	5.000,00
	30.416,67
AfA 3. Jahr	5.000,00
	25.417,67
AfA 4. Jahr	5.000,00
	20.416,67
AfA 5. Jahr	5.000,00
	15.416,67
AfA 6. Jahr	5.000,00
	10.416,67
AfA 7. Jahr	5.000,00
	5.416,67
AfA 8. Jahr	5.000,00
	416,67
AfA 9. Jahr	416,67
	0,00

6 25 % degressive Abschreibung, 4 Monate
1.250,00 Abschreibungsbetrag im Anschaffungsjahr

7 Lineare AfA 100 : 8 = 12,5 %; Bemessungsgrundlage: 20.000,00 €
2021: 1.458,33 €
2022: 2.500,00 €

8 125.000,00 : 300.000 km = 0,41666/km

Abschreibung 2021: 0,41666/km × 45.000 km = 18.750,00
Abschreibung 2022: 0,41666/km × 55.000 km = 22.916,66

9 2021: 125,00/250,00
2022: 500,00/937,50

10 12.000,00

Fall 21

§ 7 g (5) kann beansprucht werden. 20 % von 50.000 € = 10.000 €

Fall 22

	lineare AfA
Ak 2021	80.000,00
Inv.abzugsbetrag	30.000,00
Sonder-AfA 10 %	5.000,00
lineare AfA $8\frac{1}{3}$ %	4.166,67
	40.833,33
2022:	
Sonder-AfA 5 %	2.500,00
lineare AfA	4.166,67
	34.166,66
2023:	
Sonder-AfA 5 %	2.500,00
lineare AfA	4.166,67
	27.499,99
2024:	
lineare AfA	4.166,67
	23.333,32
2025:[1]	
lineare AfA	4.166,67
	19.166,65 : 7 = 2.738,09
2026:[2]	
lineare AfA	2.738,09
	16.428,56

[1] Ende des fünfjährigen Begünstigungszeitraumes
[2] Neuberechnung der linearen Abschreibung nach Ende des Begünstigungszeitraumes (Restbuchwert : Restnutzungsdauer)

	lineare AfA
Rbw	16.428,56
2027:	
lineare AfA	2.738,09
	13.690,47
2028:	
lineare AfA	2.738,09
	10.952,38
2029:	
lineare AfA	2.738,09
	8.214,29
2030:	
lineare AfA	2.738,09
	5.476,20
2031:	
lineare AfA	2.738,09
	2.738,11
2032:	
lineare AfA	2.738,11
	0,00

Fall 23

Ja, in Höhe von 15.000,00

Übungen zu 3.3.6

1 20 % Sonder-AfA = 5.000,00
25 % lineare AfA, 8 Monate = 4.166,67

2 20 % der Anschaffungskosten = 184,00

3 a)

AK	30.000,00
2021:	
Sonder-AfA 5 %	1.500,00
lineare AfA 20 % p.r.t.	500,00
	28.000,00
2022:	
Sonder-AfA	1.500,00
lineare AfA	6.000,00
	20.500,00
2023:	
Sonder-AfA	1.500,00
lineare AfA	6.000,00
	13.000,00

b)

AK	30.000,00
Inv.abzugsbetrag	12.000,00
	18.000,00
2021:	
Sonder-AfA 5 %	900,00
lineare AfA 20 % p.r.t.	300,00
	16.800,00
2022:	
Sonder-AfA	900,00
lineare AfA	3.600,00
	12.300,00
2023:	
Sonder-AfA	900,00
lineare AfA	3.600,00
	7.800,00

3

a)	lineare AfA	b)	lineare AfA
Rbw	13.000,00	Rbw	7.800,00
2024:		2024:	
Sonder-AfA 5 %	1.500,00	Sonder-AfA 5 %	900,00
lineare AfA 20 %	6.000,00	lineare AfA 20 %	3.600,00
	5.500,00		3.300,00
2025:		2025:	
lineare AfA	5.500,00	lineare AfA	3.300,00
	0,00		0,00

4 0,00 da keine fast ausschließlich betriebliche Nutzung vorliegt

5 2.083,33 + 4.000,00 = 6.033,33
25 % degressive Abschreibung (5 Monate) und 20 % Abschreibung gem. § 7 g (5) EStG

6 Ja, 2021 ist die Bildung eines Investitionsabzugsbetrages in Höhe von 1.250,00 möglich, wenn die übrigen Voraussetzungen erfüllt sind.

7 0,00 ein Grundstück ist kein bewegliches Wirtschaftsgut; außerdem wird die Gewinngrenze überschritten

8 a) 20.000,00 b) 1.666,67 c) 4.000,00

9 a) 60.000,00 b) 18.000,00

10 8.000,00

11 Ja, Verzinsung nach § 233 a AO

12 Sofortabschreibung als GWG

Fall 24

Die Lagerhalle kann nur linear abgeschrieben werden.
Abschreibungssatz 3 % von 850.000,00 = 25.500,00 (für 2021 und 2022)

Fall 25

Die Lagerhalle kann nur linear abgeschrieben werden.
Abschreibungssatz 3 % von 1.200.000,00 = 36.000,00 : 12 × 2 = 6.000,00 für 2021
Abschreibungssatz 3 % von 1.200.000,00 = 36.000,00 für 2022

Fall 26

250.000,00 : 15 Jahre = 16.666,67/Jahr (Steuerrecht)

Übungen zu 3.3.7 – 3.3.9

1 a) 3,0 % AfA von 1.750.000,00 = 52.500,00/Jahr; 12 × 5 = 21.875,00
b) 0; eine degressive AfA ist nicht möglich

2 a) 1,25 % = 57.500,00
b) 2,0 % = 92.000,00

3 2021: 2 % von 400.000,00 = 8.000,00/Jahr; für 9 Monate = 6.000,00
2022: 2 % von 400.000,00 = 8.000,00/Jahr

4 2 % von 480.000,00 = 9.600,00 linearer Abschreibungsbetrag

5 2021: 2 % von 750.000,00 = 5.000,00 (zeitanteilige Kürzung)
2022: 2 % von 750.000,00 = 15.000,00 (gilt auch für 2022)

6 a) 2018: 2 % von 492.000,00 = 3.280,00 (zeitanteilige Kürzung)
2019: 2 % von 492.000,00 = 9.840,00 (gilt auch für 2020 und 2021)

b) 2018: 2 % von 492.000,00 : 2 = 1.640,00 (zeitanteilige Kürzung)
2019: 2 % von 492.000,00 : 2 = 4.920,00 (gilt auch für 2020 und 2021)

7 a) Keine degressive AfA möglich

b) Anschaffungskosten: 8.400.000,00 + 294.000,00 Grunderwerbsteuer + 240.000,00 Maklerprovision + 6.000,00 Notariatskosten + 2.800,00 Grundbuchgebühren = 8.942.800,00.
15 % Grund und Bodenanteil = 1.341.420,00
85 % Gebäudeanteil = 7.601.380,00
3 % lineare Abschreibung = 228.041,40; aber zeitanteilig für 6 Monate
= 114.020,70 lineare Abschreibung 2021

8 60.000,00 : 15 Jahre = 4.000,00/Jahr

9 a) Es handelt sich um einen immateriellen Vermögensgegenstand (Konzessionen und Schutzrechte) der, da er selbst (originär) geschaffen wurde nicht aktiviert wird. Die Kosten sind sofort in voller Höhe Betriebsausgaben.

b) Aktivierung; kein Wertverzehr, deshalb keine AfA.

10 8.000,00; Aufwendungen für Software zur Dateneingabe und -verarbeitung können ab 01.01.2021 in voller Höhe abgeschrieben werden.

11 3 % Abschreibung von 500.000,00 = 15.000,00

12 a) 375.000,00

b) 2022: 7.500,00; 2022: 7.500,00

13 3 % von 385.000,00 : 12 × 3 = 2.887,50 für 2021; 11.550,00 für 2022

14 2 % von 54.752,44 für 9 Monate = 821,28 (AK Gebäude: 219.009,77 €, davon 25 %)

Fall 27

1.000,00 bei Einnahmen aus nichtselbstständiger Arbeit
1.602,00 bei Einnahmen aus Kapitalvermögen (Sparerpauschbetrag)

Fall 28

Nein, die Kosten für die eigene Pausenverpflegung sind nicht abzugsfähig.

Übungen zu 3.4

1 a) Kosten der privaten Lebensführung (bei Vorliegen der entsprechenden Voraussetzungen kann ein Arbeitszimmer angesetzt werden)

b) Kosten der privaten Lebensführung

c) Betriebsausgaben

d) Werbungskosten

e) Werbungskosten

f) Kosten der privaten Lebensführung

g) Betriebsausgabe

h) Werbungskosten

i) Werbungskosten

k) Werbungskosten

2 1.000,00 Arbeitnehmer-Pauschbetrag (keine zeitanteilige Kürzung)

3 Arbeitnehmer-Pauschbetrag: 1.000,00
Sparer-Pauschbetrag: 801,00

4 Ja, 102,00

5 33.200,00 Einkünfte aus nichtselbstständiger Arbeit; Aufwendungen für Urlaub sind der privaten Lebensführung zuzurechnen. Es verbleibt nur der Abzug des Arbeitnehmer-Pauschbetrages.

Fall 29

In vollem Umfang Einkünfte aus Land- und Forstwirtschaft (einschl. des Nebenbetriebes)

Fall 30

In beiden Fällen (Anlageberater und Hellseher) werden Einkünfte aus Gewerbebetrieb erzielt.

Fall 31

	80.000,00	Gewinnanteil
+	55.000,00	Gehalt
+	17.500,00	Darlehenszinsen
	152.500,00	

Der Gewinnanteil (6.000,00) aufgrund der Beteiligung als typischer stiller Gesellschafter (reine Gewinnbeteiligung) unterliegt der Abgeltungsteuer.

Übungen zu 3.5.1 und 3.5.2

1 a) Einkünfte i. S. d. § 13 EStG

b) Einkünfte i. S. d. § 15 EStG

c) Einkünfte i. S. d. § 15 EStG

d) Einkünfte i. S. d. § 20 EStG

e) Einkünfte i. S. d. § 15 EStG

f) Einkünfte i. S. d. § 15 EStG

g) Einkünfte i. S. d. § 15 EStG

2 a) Einkünfte aus Gewerbebetrieb i. S. d. § 15 (1) 2 EStG

b) 16.000,00

3

27.000,00 : 2 =	13.500,00	Gewinn
28.000,00 : 2 =	14.000,00	Verlust
Verlust 2020	500,00	

4 a) Einkünfte aus Gewerbebetrieb § 15 EStG

b) Gemüsegroßhandel: 62.000,00
Zuordnung gem. § 4 a (2) Nr. 2 EStG
Maschinenfabrik: 6.400,00

5 a) Jeweils Einkünfte aus Gewerbebetrieb

b)

Kommanditist: 20 % von 60.000,00	=		12.000,00
„Vermietung" Einnahmen: 1.700,00 × 12	=	20.400,00	
Betriebsausgaben		600,00	19.800,00
Einkünfte aus Gewerbebetrieb			31.800,00

6

	Richard Schwager	Ingrid Huber
Gehalt	98.000,00	98.000,00
Miete		54.000,00
Gewinnanteil	60.000,00	60.000,00
Eink. i. S. d. § 15	158.000,00	212.000,00

7 Gewinnverteilung lt. § 121 HGB: 4 % des Kapitalanteils, der Rest nach Köpfen

	4 %		Rest		
Pfuhl:	3.200,00	+	39.000,00	=	42.200,00
Maurer:	2.800,00	+	39.000,00	=	41.800,00
Monke:	2.000,00	+	39.000,00	=	41.000,00
	8.000,00		117.000,00		125.000,00

8 Gewinnverteilung lt. § 168 i. V. m. § 121 HGB:

	4 %		Rest		
Ohlsen	10.000,00	+	111.621,61	=	121.621,61
Dr. Farmer	2.000,00	+	22.324,33	=	24.324,33
Schwager	2.800,00	+	31.254,06	=	34.054,06
	14.800,00		165.200,00	=	180.000,00

180.000,00 – 14.800,00 = 165.200,00 Restgewinn
Der Restgewinn ist in einem angemessenem Verhältnis (nach Kapitalanteilen) zu verteilen.

165.200,00 : 370.000,00 = 0,4464864

9 Beide Beteiligungen als stiller Gesellschafter führen zu Einkünften aus Kapitalvermögen.

Stpfl.:

Gewinnanteil OHG:	180.000,00
Geschäftsführer-Gehalt:	60.000,00
Einkünfte aus Gewerbebetrieb	240.000,00
Schwester:	180.000,00

10

L + F	24.000,00	vgl. § 8 c (1) EStDV
Atypischer stiller Gesellschafter	35.000,00	
Einzelhandelsgeschäft	80.000,00	
Summe der Einkünfte	139.000,00	

11 Einkünfte i.S.d. § 19 als Beamter und Einkünfte i. S. d. § 15 als Schiedsrichter.

12 K: 168.975
N: 56.025
3.500 + 168.975 = 172.475

13

§ 13:	39.000
§ 15:	12.000
§ 15:	9.100
Summe	60.100

14 60.000 + 12.000 – 3.000 – 3.800 = 65.200

15

	Veräußerungsgewinn	180.400 €
–	gekürzter Freibetrag	600 €
=	steuerpflichtiger Veräußerungsgewinn	179.800 €

Fall 32

Joachim Sennefeld bezieht Einkünfte aus nichtselbstständiger Arbeit (§ 19 EStG), Moritz Sennefeld bezieht Einkünfte aus selbstständiger Arbeit (§ 18 EStG).

Übungen zu 3.5.3

1 a) Einkünfte aus selbst. Arbeit
b) Einkünfte aus selbst. Arbeit (Autorentätigkeit)
Einkünfte aus nichtselbst. Arbeit (Beamter)
c) Einkünfte aus selbst. Arbeit
d) Einkünfte aus nichtselbst. Arbeit
e) Einkünfte aus Gewerbebetrieb
f) Einkünfte aus Gewerbebetrieb
g) Einkünfte aus selbst. Arbeit (Vortragstätigkeit)
Einkünfte aus nichtselbst. Arbeit (Angestellte)
h) Einkünfte aus selbst. Arbeit
i) Einkünfte aus selbst. Arbeit
k) Einkünfte aus Gewerbebetrieb
l) Einkünfte aus selbst. Arbeit (Nachhilfestunden)
Einkünfte aus nichtselbst. Arbeit (Studienreferendar)
m) Einkünfte aus Gewerbebetrieb
n) Einkünfte aus selbst. Arbeit
o) Einkünfte aus selbst. Arbeit

2 Einkünfte aus Gewerbebetrieb i. S. d. § 15 EStG

3 a)

Maschinenfabrik	Einkünfte aus Gewerbebetrieb
Aufsichtsratsmitglied	Einkünfte aus selbst. Arbeit
Schriftstellerin	Einkünfte aus selbst. Arbeit

b)

Einkünfte aus Gewerbebetrieb	490.000,00
+ Einkünfte aus selbst. Arbeit	28.000,00
+ Einkünfte aus selbst. Arbeit	38.000,00
Summe der Einkünfte:	556.000,00

4

a) Steuerberatungs-GmbH:	Körperschaftsteuerpflichtig
b) Autorentätigkeit:	Einkünfte aus selbst. Arbeit

5 a) **Herr Neuberger:**

Einkünfte aus selbst. Arbeit:	Einkünfte als Rechtsanwalt und als Autor

Frau Neuberger:

Einkünfte aus Gewerbebetrieb:	Beteiligung als atypische stille Gesellschafterin
Einkünfte aus nichtselbst. Arbeit:	angestellte Architektin

b) Summe der Einkünfte: 248.000,00
(240.000,00 – 110.000,00 + 25.000,00 + 35.000,00 + 58.000,00)

Fall 33

Herr Gattermann:	Arbeitnehmer, der Einnahmen aus nichtselbst. Arbeit bezieht	
Frau Gattermann:	Arbeitnehmerin, die Einnahmen aus nichtselbst. Arbeit bezieht	
Sohn:	Arbeitnehmer, der Einnahmen aus nichtselbst. Arbeit bezieht	
Tochter:	nein (Einkünfte i. S. d. § 15 EStG	
Vater:	Rente:	kein Arbeitnehmer, keine Einnahmen aus nichtselbstständiger Arbeit
	Betriebspension:	kein aktiver Arbeitnehmer, aber Einnahmen aus nichtselbstständiger Arbeit (Versorgungsbezüge)

Übungen zu 3.5.4

1 a) ja b) ja c) ja d) nein e) ja
f) ja g) nein h) nein i) nein k) nein
l) nein m) ja n) ja o) ja

2

	Listenpreis:	45.000,00	
–	4 %	1.800,00	
	geminderter Endpreis	43.200,00	
–	gezahlter Preis	36.000,00	(45.000,00 – 9.000,00 Nachlass)
	geldwerter Vorteil	7.200,00	
–	Freibetrag	1.080,00	
	steuerpfl. Arbeitslohn	6.120,00	

3 Pension: 250,00 × 12 = 3.000,00
Nur die Pension stellt Einnahmen aus nichtselbst. Arbeit dar. Bei der Rente handelt es sich um sonstige Einnahmen i. S. d. § 22 EStG.

4 geldwerter Vorteil für die Fahrten Wohnung – Arbeitsstätte:
0,03 % von 40.000,00 = 12,00
12,00 × 20 km × 12 Monate = 2.880,00

5 Das Gehalt wird im Januar 2022 bezogen (hier endet der Lohnzahlungszeitraum).
Das Weihnachtsgeld wird im Januar bezogen (Zuflussprinzip).

Fall 34

		2021:	2022:
	Aktives Dienstverhältnis		
	Gehalt als Beamtin:	32.000,00	–
–	WkPb	1.000,00	–
		31.000,00	–
	Pension		
	Einnahme	3.900,00	25.350,00
–	Versorgungsfreibetrag	190,00	1.140,00
–	Zuschlag zum Versorgungsfreibetrag	57,00	342,00
–	WkPb	102,00	102,00
	Einkünfte	3.551,00	23.766,00

Die Einkünfte aus nichtselbstständiger Arbeit von Frau Peters im VZ 2021 betragen 34.551,00.

Übungen zu 3.5.4.2

1

	Einnahmen (2.800,00 × 3 Monate)	8.400,00
–	WkPb	1.000,00
	Einkünfte i. S. d. § 19 EStG	7.400,00

2

	Einnahmen (810,00 × 2 Monate)	1.620,00
–	WkPb	1.000,00
	Einkünfte i. S. d. § 19 EStG	620,00

3

	Einnahmen:	25.280,00
–	Arbeitnehmer-Pauschbetrag	1.000,00
	Einkünfte i. S. d. § 19 EStG	24.280,00

4

Rente = Einkünfte i. S. d. § 22 EStG

	Pension	2.400,00	
–	Versorgungsfreibetrag	960,00	(40 % von 2.400,00)
–	Zuschlag zum Versorgungsfreibetrag	900,00	
–	Werbungskostenpauschale	102,00	
	Einkünfte i. S. d. § 19 EStG	438,00	

5

		2021:	2022:
	Pension		
	Einnahme	21.200,00	21.420,00
–	Versorgungsfreibetrag	1.140,00	1.140,00
–	Zuschlag zum Versorgungsfreibetrag	342,00	342,00
–	WkPb	102,00	102,00
	Einkünfte	19.616,00	19.836,00

6

		2021:	2022:
	Gehalt	24.000,00	–
–	ANPb	1.000,00	–
+	Pension	7.200,00	23.800,00
–	Versorgungsfreibetrag (4/12)	380,00	1.140,00
–	Zuschlag zum Versorgungsfreibetrag (4/12)	114,00	342,00
–	WkPb	102,00	102,00
	Einkünfte	29.604,00	22.216,00

7 Es handelt sich um Aufwendungen, die 2021 nicht angesetzt werden können (begrenzter SA-Abzug 2017–2020).

8

		2021:	2022:
	Pension	26.000,00	26.260,00
–	Versorgungsfreibetrag	3.000,00	3.000,00
–	Zuschlag zum Versorgungsfreibetrag	900,00	900,00
–	WkPb	102,00	102,00
	Einkünfte i. S. d. § 19 EStG	21.998,00	22.258,00
+	Einkünfte i. S. d. § 18 EStG	13.200,00	9.400,00
	Summe der Einkünfte	35.198,00	31.658,00

9 220 × 20 × 0,30 = 1.320,00 + 220 × 8 × 0,35 = 616,00 ⇒ 1.936,00

10 140 x 2 (abgerundet) x 0,30 = 84,00 + 80 × 5 = 400,00 < 1.000,00 (Ansatz WKP)

11 140 × 20 × 0,30 = 840,00 + 140 × 6 × 0,35 = 294,00 ⇒ 1.134,00

12 Parkgebühren und Geldstrafe sind nicht ansetzbar.
Fahrtkosten:
210 Tage × 20 km × 0,30 = 1.260,00 + 210 × 4 × 0,35 = 294,00 ⇒ 1.554,00

13 Für die Entfernungspauschale sind 21 km anzusetzen.
220 Tage × 20 km × 0,30 = 1.320,00 + 220 × 1 × 0,35 = 77,00 ⇒ 1.397,00

14 Entfernungspauschale für Fahrten mit eigenem Pkw
220 Tage × 20 km × 0,30 = 3.300,00 + 220 × 50 × 0,35 = 3.850,00 ⇒ 7.150,00
Die tatsächlichen Aufwendungen für die Bahnfahrt bleiben hier unberücksichtigt.

15 § 19
Entfernungspauschale: 792 € + 780 € Fährkosten
Die Unfallkosten sind ebenfalls Werbungskosten.

16 geldwerter Vorteil Möbel-Kauf:

	Listenpreis	12.000,00
–	4 %	480,00
	geminderter Endpreis	11.520,00
–	gezahlter Preis	8.640,00
	geldwerter Vorteil	2.880,00
–	Freibetrag	1.080,00
	steuerpfl. Arbeitslohn	1.800,00
	Einnahmen (2.400,00 × 12 Monate)	28.800,00
+	Weihnachtsgeld	2.400,00
+	Urlaubsgeld	300,00
+	Heiratsbeihilfe	400,00
+	steuerpfl. Arbeitslohn Möbel-Kauf	1.800,00
	Einnahmen	33.700,00
–	Werbungskosten	
	Fahrtkosten	3.784,00
	Einkünfte	29.916,00

Die vom Arbeitgeber übernommenen Kosten für den EDV-Kurs sind kein steuerpflichtiger Arbeitslohn. Frau Franz könnte zusätzlich Kontoführungsgebühren ansetzen, die bis zu 16 € ohne Nachweis anerkannt werden.

17

	Bruttogehalt		52.000,00	
	Fahrtkosten			
	195 Arbeitstage	2.057,25		
	Arbeitsmaterial	60,00		
	Kontoführung	16,00		
		2.133,25		
	Wk		2.133,25	
	Einkünfte i. S. d. § 19 EStG			49.866,75
	Einkünfte aus freiberuflicher Tätigkeit § 18 EStG			
	Einnahmen	3.200,00		
–	Freibetrag § 3 Nr. 26 EStG	3.000,00		
	Einkünfte i. S. d. § 18 EStG			200,00
	Summe der Einkünfte			50.066,75

18

	Einkünfte aus nichtselbstständiger Arbeit:	
	Bruttoarbeitslohn	19.420,00
–	WkPb	1.000,00
	Einkünfte i. S. d. § 19 EStG	18.420,00

Die kostenlose Beförderung von Mitarbeitern im Werksbus stellt keinen steuerpflichtigen Arbeitslohn dar, ein Wk-Abzug ist nicht möglich.

Hinweis: Bei der Altersrente aus der gesetzlichen Sozialversicherung handelt es sich um sonst. Einkünfte i. S. d. § 22 EStG.

19

		a) 2021:	b) 2022:
	Gehalt als Beamter	25.220,00	25.220,00
–	Werbungskosten (3.000 + 452 + 16)	3.468,00	3.468,00
+	Pension	9.680,00	9.680,00
–	Versorgungsfreibetrag (gezwölftelt)	380,00	360,00
–	Zuschlag zum Versorgungsfreibetrag (gezwölftelt)	114,00	108,00
–	WkPb	102,00	102,00
	Einkünfte aus nichtselbst. Arbeit	30.836,00	30.862,00

20

	Bruttogehalt		36.280,00
–	Werbungskosten		
	Arbeitszimmer		1.250,00
	Abschreibung Computer		520,00
	Beitrag Berufsverband		210,00
	Fachzeitschriften	(12 × 19,00)	228,00
	Fachbücher		140,00
	Entfernungspauschale		180,00
	Kontoführungsgebühr		16,00
	Einkünfte i. S. d. § 19 EStG		33.736,00

Die Abonnementgebühren für die Tageszeitung sind keine Werbungskosten, die Kinderbetreuungskosten können zu ⅔ als Sonderausgaben abgesetzt werden.

21 a) Einkünfte = 22.338 b) Einkünfte = 22.578

Fall 35

Zinseinnahmen, Dividende, Gewinnanteil als typische stille Gesellschafterin, Veräußerungsgewinn

Fall 36

Karl Hausner muss eine Einkommensteuererklärung abgeben und darin seine Zinseinnahmen erklären.

Zinsen:	2.125,00 €
Sparer-Pauschbetrag	1.602,00 €
Steuerpflichtig	523,00 €

Die Einkünfte aus Kapitalvermögen werden mit 25 % Kapitalertragsteuer besteuert.

25 % Kapitalertragsteuer	130,75 €
5,5 % SoliZ	7,19 €

Übungen zu 3.5.5

1 a) Ja b) Ja c) Nein d) Nein
e) Ja f) Ja g) Ja h) Ja

2 a)

Zinseinnahmen	960,00
Freistellungsauftrag	0,00
Steuerpflichtig	960,00
25 % Abgeltungsteuer	– 240,00
5,5 % Soli	– 13,20
Gutschrift der Bank	706,80

b) Abgabe einer Einkommensteuererklärung

c)

Zinseinnahmen	960,00	⇒	960,00
Freistellungsauftrag	801,00		
Steuerpflichtig	159,00		
25 % Abgeltungsteuer		⇒	– 39,75
5,5 % Soli		⇒	– 2,18
Gutschrift der Bank			918,07

3

Bankgutschrift	3.480,00	(73,625 %)
+ 25 % Kapitalertragsteuer	1.181,66	
+ 5,5 % Solidaritätszuschlag	64,99	
steuerpflichtige Einnahme	4.726,65	

4

Name	nachgewiesene Werbungskosten		Sparer-Pauschbetrag	
	Ehefrau	Ehemann	Ehefrau	Ehemann
Jürgens	300,00	200,00	801,00	801,00
Schmidt	0,00	0,00	801,00	801,00
Paulig	400,00	0,00	801,00	801,00
Göbele	1.800,00	0,00	801,00	801,00
Pfister	2.000,00	2.000,00	801,00	801,00
Lindenmaier	4.000,00	0,00	801,00	801,00

5 Ja, Zufluss; Zeitpunkt, zu dem der Stpfl. darüber verfügen kann.
Die Zinsen (= Einnahmen aus Kapitalvermögen) betragen 625,00.

6

	Einnahmen (100 %)	= 8.480,00
–	Sparer-Pauschbetrag	801,00
	Einkünfte i. S. d. § 20 EStG	7.679,00

7 3.671,02 – 801,00 = 2.870,02 = 73,625 %
3.898,16 = 100 %

	3.898,16	
+	801,00	(Freistellungsauftrag)
	4.699,16	Einnahmen

8 Einkünfte aus Kapitalvermögen § 20 (1) Nr. 7 EStG

	Zinseinnahmen 4 % von 200.000,00	8.000,00
–	Sparer-Pauschbetrag	1.602,00
=	Einkünfte aus Kapitalvermögen	6.398,00

9 a)

	Nettodividende (Bankgutschrift)	7.362,50	(73,625 %)
	Bardividende	10.000,00	(100 %)
–	Sparer-Pauschbetrag	801,00	
	Einkünfte i. S. d. § 20 EStG	9.199,00	

b)

	Steuerpfl. Einnahme i. S. d. § 20 EStG	10.000,00
–	Sparer-Pauschbetrag	1.602,00
	Einkünfte i. S. d. § 20 EStG	8.398,00

10 a) Herr Wechselberger erzielt Einkünfte aus Kapitalvermögen

	Bruttozinsen (Steuerpfl. Einnahme)	6.000,00
–	Sparer-Pauschbetrag	801,00
	Einkünfte i. S. d. § 20 EStG	5.199,00

b) keine Auswirkung

11 a) Dividende

	Einnahme	1.052,00
+	Verkaufsgewinn	6.595,00
–	Sparer-Pauschbetrag	801,00
	Einkünfte i. S. d. § 20 EStG	6.846,00

b) Das Ergebnis würde 6.045 € betragen.

12 a)

	Einnahme als typischer stiller Gesellschafter		
	Bankgutschrift	5.890,60	(73,625 %)
+	25 % Kapitalertragsteuer	2.000,20	
+	5,5 % Solidaritätszuschlag	110,01	
	steuerpflichtige Einnahme	8.000,81	(100 %)
	Zinsen aus Bundesschatzbriefen		
	Bankgutschrift	1.472,50	(73,625 %)
+	25 % Kapitalertragsteuer	500,00	
+	5,5 % Solidaritätszuschlag	27,50	
	steuerpflichtige Einnahme	2.000,00	(100 %)

	Einnahmen i. S. d. § 20 EStG	10.000,81
–	Sparer-Pauschbetrag	1.602,00
	Einkünfte i. S. d. § 20 EStG	8.398,81

b)

	Einnahmen i. S. d. § 20 EStG	10.000,81
–	Sparer-Pauschbetrag	801,00
	Einkünfte i. S. d. § 20 EStG	9.199,81

13 a) Die Bank trägt diese Verluste ins Jahr 2022 vor.

b) Antragsveranlagung. Nur die verbleibenden Einkünfte aus Kapitalvermögen von 35.000 unterliegen der Abgeltungsteuer; der Sparer-Pauschbetrag wird berücksichtigt (zu viel bezahlte wird auf die ESt-Schuld angerechnet); oder: Freistellungsauftrag abgeben.

14 a)

	Bundesanleihen		
	Bankgutschrift	2.208,75	(73,625 %)
+	25 % Kapitalertragsteuer	750,00	
+	5,5 % Solidaritätszuschlag	41,25	
	Einnahmen	3.000,00	(100 %)
	Beteiligung als stiller Gesellschafter		
	Bankgutschrift	3.681,25	(73,625 %)
+	25 % Kapitalertragsteuer	1.250,00	
+	5,5 % Solidaritätszuschlag	68,75	
	Einnahmen	5.000,00	(100 %)

einbehaltene Abgeltungsteuer: 750,00 + 1.250,00 = 2.000,00

b)

	Arbeitslohn Herr Zimmerer	78.000,00
–	WkPb	1.000,00
	Einkünfte i. S. d. § 19 EStG	77.000,00
	Arbeitslohn Frau Zimmerer	28.800,00
–	WkPb	1.000,00
	Einkünfte i. S. d. § 19 EStG	27.800,00

Trinkgelder sind steuerfrei.
Summe der Einkünfte = 104.800,00

c) keine Änderung

d) Eine Antragsveranlagung zum Abgeltungsteuersatz ist sinnvoll, weil dann der auf Grund des fehlenden Freistellungsauftrages unberücksichtigte Sparer-Freibetrag von 1.602,00 € noch angesetzt wird.

15 a)

	Herr Schilling	Frau Schilling
Einnahmen	45.100,00	47.200,00
Werbungskosten (Entfernungspauschale)	2.629,00	2.629,00
Kontoführung	16,00	16,00
Einkünfte i. S. d. § 19 EStG	42.455,00	44.555,00

b) 3.681,25 Bankgutschrift (= 73,625 %)
5.000,00 Einnahmen aus Kapitalvermögen (= 100 %)

steuerpflichtige Einnahme	5.000,00
25 % Abgeltungsteuer	1.250,00

c) Steuerfrei, da unter 2.400,00 (§ 3 Nr. 26 EStG)

d) 87.384,00

16

	Herr Seifert	Frau Seifert	
Einkünfte i. S. d. § 15 EStG:			
44.800,00 + 25.000 =	69.800,00		
Einkünfte i. S. d. § 19 EStG:	0,00	35.600,00	
Einkünfte i. S. d. § 20 EStG:		4.500,00 [1]	
Summe der Einkünfte:	69.800,00	+ 40.100,00	= 109.900,00

Fall 37

Die Vermietung des betrieblichen Lagerplatzes gehört zu den Einkünften aus Gewerbebetrieb. Mit der Vermietung der Privatwohnung werden Einkünfte aus Vermietung und Verpachtung erzielt.

Fall 38

	Einnahmen:	
	2.400,00 /Monat × 12 Monate	28.800,00
+	Miete November und Dezember 2020	4.800,00
		33.600,00
–	Werbungskosten	0,00
	Einkünfte aus Vermietung und Verpachtung	33.600,00

Die Mietzahlungen für November und Dezember 2020 sind 2021 zu berücksichtigen.

Fall 39

Erhaltungsaufwendungen = Werbungskosten im Jahr der Zahlung

Fall 40

	Einnahmen:	
	Miete (1.600 × 12)	19.200,00
	Nebenkosten (380 × 12)	4.560,00
		23.760,00
–	Werbungskosten	
	Schuldzinsen	19.200,00
	2 % lineare Abschreibung	10.000,00
	Nebenkosten	4.560,00
		– 10.000,00

Die Steuerpflichtige hat negative Einkünfte aus Vermietung und Verpachtung in Höhe von 10.000,00 erzielt.

[1] stiller Gesellschaftsvertrag zwischen nahen Angehörigen; § 32 d (2) 1 a EStG

Übungen zu 3.5.6

1 Einnahmen: 12.130,00 (Miete: 9.600,00, Umlagen 2.280,00, Garage 250,00)

2 Fahrstuhl: Herstellungsaufwand
Alarmanlage: Herstellungsaufwand
Fensteraustausch: Erhaltungsaufwand
Außenanstrich: Erhaltungsaufwand
Dachgeschossausbau: Herstellungsaufwand
Treppengeländer erneuern: Erhaltungsaufwand
Wasserleitung reinigen/reparieren: Erhaltungsaufwand
Solaranlage: Herstellungsaufwand (§ 82 a Nr. 2 EStDV)

3 Es handelt sich um Erhaltungsaufwand.

4 a) Miete ist geringer als 50 % der ortsüblichen Miete, d. h. die WK sind anteilig anzusetzen ($\frac{3}{7}$):

Einnahmen:	3.600,00
WK:	3.000,00
Einkünfte:	600,00

b) Miete ist höher als 50 % der ortsüblichen Miete, d. h. die WK sind voll anzusetzen, wenn eine positive Überschussprognose vorliegt.

Einnahmen:	6.000,00
WK:	7.000,00
Einkünfte:	– 1.000,00

5 a) Gebäudeanteil = 240.000,00
2020 und 2021: 4.800,00

b) Gebäudeanteil = 240.000,00
2020/2021 keine degressive AfA möglich

6

Mieteinnahmen	15.000,00
Einnahmen aus Nebenkosten	3.600,00
Einnahmen	18.600,00
– Werbungskosten	
Zinsen	12.000,00
lineare Abschreibung (2 %)	8.000,00
Werbungskosten	5.760,00
Einkünfte i. S. d. § 21 EStG	– 7.160,00

7

Mieteinnahmen	7.200,00
vereinnahmte Nebenkosten	1.920,00
Einnahmen	9.120,00
– Werbungskosten	
lineare Abschreibung	3.600,00
Nebenkosten (300,00 × 12)	3.600,00
Sonderumlage	600,00
Grundsteuer	85,00
Einkünfte i. S. d. § 21 EStG	1.235,00

8 2 % lineare Abschreibung = 3.033,33 (zeitanteilig; 7/12)

9	Einnahmen: 1.400,00 × 7 Monate		9.800,00
	Kaufpreis	540.000,00	
	GrESt	18.900,00	
	Notar	5.800,00	
	Gebühren	300,00	
	AK	565.000,00	
	80 % Gebäudeanteil = 452.000,00		
	2 % lineare AfA für 7 Monate	5.273,33	
	Schuldzinsen	15.300,00	
	Damnum	6.200,00	
	Notargebühren für Grundschuldaufnahme	2.380,00	
	Gebühren für Grundschuldaufnahme	200,00	
	laufende Werbungskosten	800,00	– 30.153,33
	Einkünfte		– 20.353,33

10		Mieteinnahmen	9.600,00
	+	Nebenkosten	3.360,00
		Einnahmen	12.960,00
	–	Werbungskosten	
		Schuldzinsen	12.000,00
		2 % AfA	6.000,00
		Nebenkosten	3.360,00
		Einkünfte	– 8.400,00

11		Einnahmen: 7 × 950,00	6.650,00
	–	Werbungskosten	
		Schuldzinsen	2.800,00
		Lfd. Kosten	4.400,00
		Abschreibung (§ 7 (4) anteilig)	2.450,00
		Sonder-AfA § 7 b 5 % von 210.000,00 =	10.500,00
		Einkünfte	– 13.500,00

12		Miete: 1.440,00 × 2 × 9	25.920,00
		Nebenkosten: 360,00 × 2 × 9	6.480,00
		Einnahmen	32.400,00
	–	Werbungskosten	
		Schuldzinsen	8.000,00
		2 % AfA (für 10 Monate)	6.222,22
		Nebenkosten	6.480,00
		Weitere Wk	5.000,00
		Damnum	5.000,00
		Einkünfte	1.697,78

13 a)		Einnahmen	41.500,00
	–	Werbungskosten	
		Entfernungspauschale	2.244,00
		Büromaterial/Fachliteratur	460,00
		Gewerkschaftsbeitrag	415,00
		Kontoführungsgebühren	16,00
		Einkünfte i. S. d. § 19 EStG	38.365,00

b)

	Kaufpreis	820.000,00
+	Grunderwerbsteuer	28.700,00
+	Maklergebühr	29.520,00
+	Notargebühr Kaufvertrag	3.480,00
+	Grundbuchgebühr Umschreibung	340,00
=	Anschaffungskosten	882.040,00

Abschreibung:
882.040 × 75 % = 661.530,00 × 2 % × 11/12 = 12.128,00 : 2 = 6.064,00

	Mieteinnahmen	
	10 × 1.170,00 =	11.700,00
+	Januarmiete =	1.170,00
	Mieteinnahme 2021	12.870,00
–	Werbungskosten	
	Finanzierungskosten 23.870,00 : 2	11.935,00
	AfA	6.064,00
	Sonstige Werbungskosten 4.420,00 : 2	2.210,00
	Einkünfte aus VuV	– 7.339,00

14

Einnahmen § 21 EStG		
Mieteinnahmen: 3 × 1.400,00 × 2	8.400,00	
Umlagen: 3 × 200,00 × 2	1.200,00	
Einnahmen insgesamt		9.600,00
Werbungskosten § 9 EStG		
Grundsteuer, Gebäudeversicherung u.s.w.	1.425,00	
Notarkosten für die Grundschuld	1.508,00	
Gebühren (Eintragung der Grundschuld)	250,00	
Darlehenszinsen	30.000,00	
AfA § 7 Abs. 4 EStG		
2 % von HK 800.000,00 : 12 × 5	6.667,00	39.850,00
Einkünfte i. S. d. § 21 EStG (= Verlust aus V + V)		– 30.250,00

15

§ 21	
Einnahmen: 11 × 1.200,00	13.200,00
Werbungskosten	3.000,00
Einkünfte i. S. d. § 21 EStG	10.200,00

Fall 41

	2021:			2022:	
	Einnahmen =				
	5 Monate × 1.250 =	6.250,00		Einnahmen	15.150,00
	81 % Besteuerungsanteil	5.062,50		81 % Besteuerungsanteil	12.271,50
–	WkPb	102,00	–	WkPb	102,00
	Einkünfte i. S. d. § 22 EStG	4.960,50		Einkünfte i. S. d. § 22 EStG	12.169,50

Endgültiger Rentenfreibetrag:
Jahresrente im Jahr nach dem Rentenbeginn × (100 – Besteuerungsanteil in %)
15.150,00 € × 19 % = 2.878,50

	2023:	
	Einnahmen	15.500,00
–	steuerfreier Teil	2.878,50
=	Besteuerungsanteil	12.621,50
–	Werbungskosten-Pb	102,00
	Einkünfte i. S. d. § 22 EStG	12.519,50

Fall 42

	Einnahmen (1.500,00 × 12), max.	13.805,00
–	Werbungskosten-Pauschbetrag	102,00
	Einkünfte i. S. d. § 22 EStG	13.703,00

Übungen zu 3.5.7.1 und 3.5.7.2

1 9.423,60

2 5.358,00

3 8.118,00
Die Zahlung des Arbeitgebers stellt eine Pension dar (Einkünfte i. S. d. § 19 EStG).

4

	Arbeitslohn 2.300,00 × 9 =	20.700,00	
–	WkPb	1.000,00	
	Einkünfte i. S. d. § 19 EStG		19.700,00
	Rente 1.460 × 3 =	4.380,00	
	81 % steuerpflichtig	3.547,80	
	WkPb	102,00	
	Einkünfte i. S. d. § 22 EStG		3.445,80
	Summe der Einkünfte		23.145,80

5

	Einnahmen (1.000,00 × 12)	12.000,00
–	WkPb	102,00
	Einkünfte i. S. d. § 22 EStG	11.898,00

6

	Einnahmen (2.400,00 × 3)	7.200,00
–	WkPb	102,00
	Einkünfte i. S. d. § 22 EStG	7.098,00

7

	Einkünfte i. S. d. § 15 EStG		8.000,00
	Unfallrente ist steuerfrei § 3 Nr. 1 a EStG		
	Sonstige Einkünfte § 22 EStG		
	Altersrente 12 × 980,00 =	11.760,00	
	Steuerfrei	5.880,00	
–	WkPb	102,00	
	Einkünfte i. S. d. § 22		5.778,00
	Summe der Einkünfte		13.778,00

8 a)

	Einnahmen (720 € × 12)	8.640,00
	Steuerpflichtig 81 %	6.998,40
–	WkPb	102,00
	Einkünfte i. S. d. § 22	6.896,40

b)

	Einnahmen (720 € × 12)	8.640,00
	Steuerpflichtig 82 %	7.084,80
–	WkPb	102,00
	Einkünfte i. S. d. § 22	6.982,80

c) Im Fall a): 19 % der Rente aus 2022 = 1.641,60
Im Fall b): 18 % der Rente aus 2023 = 1.555,20

9

		2021	2022
	Einnahmen	4.000,00	12.060,00
	81 % steuerpflichtig	3.240,00	9.768,60
–	WkPb	102,00	102,00
	Einkünfte	3.138,00	9.666,60

2022 bleiben von der Rente 2.291,40 € steuerfrei. Dieser steuerfreie Teil bleibt für die gesamte Laufzeit des Rentenbezugs gleich.

		2023
	Einnahmen (6 × 1.010 € + 6 × 1.030 €)	12.240,00
–	Freibetrag	2.291,40
–	WkPb	102,00
	Einkünfte	9.846,60

10 a)

	Einnahmen	8.160,00
	steuerpflichtig 50 %	4.080,00
–	WkPb	102,00
	Einkünfte i. S. d. § 22	3.978,00
=	Summe der Einkünfte	

Minijob = Steuerfrei   Lottogewinn = Keine Einkunftsart (nicht steuerbar)

b) Steuerfrei bleiben künftig 4.080 €

11

Einkünfte i. S. d. § 19 EStG	12.600,00	(13.600 – 1.000)
Einkünfte i. S. d. § 22 EStG	7.098,00	
Summe der Einkünfte	19.698,00	

Zahlung des Fußballvereins steuerfrei gem. § 3 Nr. 26 a EStG.

Fall 43

Das Grundstück wurde innerhalb der Spekulationsfrist mit 350.000,00 Gewinn verkauft. Beim Kauf und Verkauf der Aktien entstand ein Spekulationsverlust. Dieser Spekulationsverlust kann mit dem Spekulationsgewinn des Grundstücksgeschäftes nicht verrechnet werden. Es bleibt ein Spekulationsgewinn von 350.000,00.

Fall 44

Christa Hess:	0,00, da unter der Freigrenze
Peter Hess:	600,00, die Freigrenze wird überschritten, damit ist der gesamte Betrag zu versteuern.

Übungen zu 3.5.7.3 und 3.5.7.4

1 Ja, der Verkauf erfolgte innerhalb der Spekulationsfrist.
(Kauf: 01.07.2011; Verkauf: 29.06.2021)

2 0,00, da die Freigrenze von 256,00 nicht überschritten wurde.

3 Aktienspekulationen fallen unter § 20 EStG.

Die Pkw-Vermietung wird nicht berücksichtigt, da die Freigrenze nicht überschritten wurde. Die sonstigen Einkünfte von Frau Freiwald betragen 0,00.

4

a)	Verkaufspreis	2.000,00
–	Anschaffungskosten	400,00
	Einkünfte i. S. d. § 22 i.V.m. § 23 EStG	1.600,00
b)	Verkaufspreis	2.000,00
–	Anschaffungskosten	400,00
–	Werbungskosten	100,00
	Einkünfte i. S. d. § 22 i.V.m. § 23 EStG	1.500,00

Es handelt sich um keinen Gegenstand des täglichen Gebrauchs.

5 Sportwagen: kein privates Veräußerungsgeschäft, da Gegenstand des tägl. Gebrauchs
Der Gewinn aus der Aktienspekulation ist steuerpflichtig nach § 20 EStG.

6 Kein privates Veräußerungsgeschäft, da selbstgenutzt § 23 (1) 1 S. 3 EStG.
Der erzielte Gewinn ist nicht steuerbar.

7 a) Nein, § 20 EStG
b) Keine Änderung

8 Er:

	Einkünfte aus nichtselbstständiger Arbeit		
	2.800,00 × 12 Monate =	33.600,00	
–	Werbungskosten	2.600,00	
	Einkünfte		31.000,00

Einkünfte aus Gewerbebetrieb		5.000,00	
			36.000,00
Sie:			
Einkünfte aus nichtselbstständiger Arbeit			
Einnahmen	14.200,00		
– Werbungskosten	1.000,00		
Einkünfte			13.200,00
Summe der Einkünfte			49.200,00

Die Rente der Berufsgenossenschaft ist steuerfrei. Der Gewinn aus der Aktienspekulation (§ 20 EStG) unterliegt der Abgeltungsteuer.

9 Gewinn aus Jahreswagenverkauf in Höhe von 3.166 € nicht steuerpflichtig, da Gegenstand des täglichen Gebrauchs.

10 a) Einkünfte i. S. d. § 20 EStG
b) Einkünfte i. S. d. § 20 EStG

11 a) steuerfrei, Spekulationsfrist abgelaufen
b) Einkünfte i. S. d. § 20 EStG (Abgeltungsteuer)
c) Einkünfte i. S. d. § 20 EStG (Abgeltungsteuer)
d) Einkünfte i. S. d. § 20 EStG (Abgeltungsteuer)
e) Einkünfte i. S. d. § 20 EStG (Abgeltungsteuer)

12 a) 11.880,00 – 10.100,00 = 1.780,00 unterliegen der Abgeltungsteuer (25 % = 445,00).
b) Keine Änderung

13 Ja, privates Veräußerungsgeschäft gemäß § 22 Nr. 2 i. V. m. § 23 (1) S. 1 Nr. 2

Fall 45

Einkünfte i. S. d. § 15 EStG	30.000,00
Einkünfte aus nichtselbst. Arbeit	74.000,00
Summe der Einkünfte	104.000,00

Fall 46

§ 15	+ 62.000	
	– 6.000	(horizontaler Verlustausgleich)
Einkünfte	+ 56.000	
§ 18	+ 28.000	
§ 21	– 3.000	(vertikaler Verlustausgleich)
Summe der Einkünfte	+ 81.000	

Spekulationsverluste (§ 23 EStG) dürfen nicht verrechnet werden.

Übungen zu 3.6.1

1 Einkünfte aus Gewerbebetrieb: 45.000,00

2 Summe der Einkünfte: 75.000,00

3 Die Einkünfte aus nichtselbst. Arbeit und die Summe der Einkünfte betragen 44.000,00. Der Spekulationsverlust kann nicht verrechnet werden.

4 Summe der Einkünfte: 52.000,00 (vgl. § 2 Abs. 5 b EStG)

5 a) Summe der Einkünfte: 67.500,00
b) Die Verlustzuweisung von 42.500,00 kann mit entsprechenden Einkünften in 2020 bzw. in künftigen VZ verrechnet werden.

6 Unbegrenzte Verlustverrechnung

Negative Einkünfte:		
Einkünfte i. S. d. § 15 EStG	9.000,00	
Einkünfte i. S. d. § 21 EStG	81.000,00	
Gesamt		90.000,00
Positive Einkünfte:		
Einkünfte i. S. d. § 19 EStG	100.000,00	
Einkünfte i. S. d. § 18 EStG	25.000,00	
Gesamt		125.000,00
Summe der Einkünfte = 35.000,00		

7 **1. Schritt:**
Horizontaler Verlustausgleich bei den Einkünften aus Gewerbebetrieb:
Einkünfte aus Gewerbebetrieb = – 75.000,00

2. Schritt
Verlustverrechnung

Einkünfte aus Gewerbebetrieb	– 75.000,00	
Einkünfte aus Vermietung und Verpachtung	– 50.000,00	
Gesamt		– 125.000,00
Einkünfte aus selbstständiger Arbeit	+ 45.000,00	
Einkünfte aus Kapitalvermögen	+ 3.000,00	
Gesamt		+ 48.000,00
verbleibende Verluste		– 77.000,00

3. Schritt
Die negativen Einkünfte in Höhe von 77.000 können auf 2020 zurückgetragen werden (§ 10 d EStG)

8.

Einkünfte i. S. d. § 19 EStG: 31.190 – 1.000	=	30.190,00
Einkünfte i. S. d. § 15 EStG: 12.400 – 21.600	=	– 9.200,00
Einkünfte i. S. d. § 21 EStG:		– 28.600,00
Summe der Einkünfte		– 7.610,00

9.

Einkünfte i. S. d. § 19 EStG:	36.840,00
Summe der Einkünfte	36.840,00

10.	Einkünfte i. S. d. § 19 EStG: 28.480 – 1.000 =	27.480,00
	Summe der Einkünfte	12.480,00

11. Einkünfte i. S. d. § 15 EStG = Summe der Einkünfte: 48.000 – 20.000 – 8.000 = 20.000

Fall 47

	Einkünfte i. S. d. § 19 EStG	46.000,00
	Einkünfte i. S. d. § 13 EStG	600,00
	Summe der Einkünfte	46.600,00
–	Abzug für Land- und Forstwirte	600,00
–	Altersentlastungsbetrag	760,00
	Gesamtbetrag der Einkünfte	45.240,00

Übungen zu 3.6.2

1			Bruttoarbeitslohn	42.000,00
		–	Werbungskosten-Pauschbetrag	1.000,00
		+	Versorgungsbezüge	3.100,00
		–	Versorgungsfreibetrag	471,20
		–	Zuschlag zum Versorgungsfreibetrag	342,00
		–	WkPb	102,00
			Summe der Einkünfte	43.184,80
		–	Altersentlastungsbetrag	722,00
		=	Gesamtbetrag der Einkünfte	42.462,80
2	a)		Bruttoarbeitslohn	31.000,00
		–	Werbungskosten-Pauschbetrag	1.000,00
		+	Versorgungsbezüge	3.000,00
		–	Versorgungsfreibetrag	456,00
		–	Zuschlag zum Versorgungsfreibetrag	342,00
		–	WkPb	102,00
		Σ	der Einkünfte/GbE	32.100,00
	b)		Summe der Einkünfte	32.100,00
		–	Altersentlastungsbetrag	722,00
			Gesamtbetrag der Einkünfte	31.378,00
3	a)		Einkünfte i. S. d. § 13 EStG	12.000,00
		+	Einkünfte i. S. d. § 19 EStG	34.000,00
			Summe der Einkünfte	46.000,00
		–	Altersentlastungsbetrag	722,00
		–	Abzug für Land- und Forstwirte	1.800,00
			Gesamtbetrag der Einkünfte	43.478,00
	b)		Gesamtbetrag der Einkünfte	45.278,00

4 a) Gesamtbetrag der Einkünfte: 26.150,00 (700,00 + 25.500,00 + 650,00 – 700,00)

b) Gesamtbetrag der Einkünfte: 26.150,00 (keine Änderung)

5 Rente: 11.400,00 (950,00 × 12 Monate)

81 % steuerpflichtig	9.234,00	
– WkPb	102,00	
Einkünfte i. S. d. § 22 EStG		9.132,00
Werkspension = Versorgungsbezug	3.000,00	
– Versorgungsfreibetrag	456,00	
– Zuschlag zum Versorgungsfreibetrag	342,00	
– WkPb	102,00	
Einkünfte i. S. d. § 19 EStG		2.100,00
Einkünfte i. S. d. § 15 EStG		2.500,00
Summe der Einkünfte		13.732,00
– Altersentlastungsbetrag (15,2 % v. 2.500,00)		380,00
Gesamtbetrag der Einkünfte		13.352,00

Die Verluste aus Spekulationsgeschäften können nicht verrechnet werden.

6

Einkünfte i. S. d. § 19 EStG	+	12.798,00
Einkünfte i. S. d. § 15 EStG	+	38.000,00
Einkünfte i. S. d. § 21 EStG	–	5.200,00
Summe der Einkünfte		45.598,00
– Altersentlastungsbetrag		1.900,00
Gesamtbetrag der Einkünfte		43.698,00

Fall 48

Frau Strasser: Nein, Haushaltsgemeinschaft mit dem neuen Lebensgefährten
Herr Strasser: Ja, alleinstehend, Thomas ist ein steuerlich zu berücksichtigendes Kind

Übungen zu 3.6.3

1

Gehalt	12.000,00	Pension	1.250,00	
– WkPb	1.000,00	– Vers.Fb	190,00	
		– Zuschlag zum VFb	142,50	($\frac{5}{12}$ von 342,00)
		– WkPb	102,00	
Einkünfte	11.000,00	Einkünfte	815,50	

Einkünfte i. S. d. § 19 EStG		11.815,50
Rente	4.500,00	
Stpfl.	3.645,00	
– WkPb	102,00	
Einkünfte i. S. d. § 22 EStG		3.543,00
Summe der Einkünfte		15.358,50
– Altersentlastungsbetrag		722,00
Gesamtbetrag der Einkünfte		14.636,50

2 Ja 4.248 €, die Voraussetzungen sind erfüllt. Anspruchsberechtigt ist der Vater, da er auch den Kinderfreibetrag bzw. Kindergeld erhält und die Kinder bei ihm gemeldet sind.

3 Nein, das Ehepaar wird nach dem Splittingverfahren besteuert, d. h. eine Voraussetzung für die Gewährung des Entlastungsbetrags für Alleinerziehende ist nicht erfüllt.

4 Nein, die Voraussetzungen sind nicht erfüllt.

5 Der Vater erhält den Entlastungsbetrag für Alleinerziehende.

6 Nein, die Voraussetzungen sind nicht erfüllt.

7 2021: 2.672 € (für 8 Monate)
2022: 4.008 €
Berücksichtigung durch Freibetrag auf der LSt-Karte (nicht Steuerklasse II)

8 2021: 1.670 € (für 5 Monate)
2022: Kein Anspruch, Haushaltsgemeinschaft mit anderer Person, die steuerlich nicht als Kind zu berücksichtigen ist (Tochter Silvia).

9 Nein, keine zeitanteilige Berücksichtigung (Ehegattenveranlagung möglich).

Fall 49

52.000,00 werden auf das Jahr 2020 zurückgetragen. Der verbleibende Verlust in Höhe von 20.500,00 wird verwendet, um den Gesamtbetrag der Einkünfte des Jahres 2022 auf 66.500,00 zu reduzieren. Die entsprechenden Steuerbescheide werden von Amts wegen geändert.
Wegen der Sonderausgaben und Grundfreibeträge wäre es sinnvoll, eine andere Verteilung zu beantragen.

Übungen

1 a) Das Einkommen des Jahres 2020 kann auf Null reduziert werden. Hierfür wird vom Verlust des Jahres 2021 der notwendige Betrag zurückgetragen (50.000,00). Der verbleibende Verlust wird vorgetragen.
b) Ein Antrag auf eine andere Verteilung wäre wegen der Inanspruchnahme des Grundfreibetrags von Sonderausgaben und außergewöhnlichen Belastungen sinnvoller! Es würde dann ein Rest verbleiben, der in künftige VZ vorangetragen werden könnte.

2 62.000,00 werden auf den VZ 2020 zurückgetragen und verringern das Einkommen dieses Jahres auf 4.500,00.

3 40.000,00 werden auf den VZ 2020 zurückgetragen und reduzieren das Einkommen auf Null. Wegen der Berücksichtigung von Sonderausgaben, außergewöhnlichen Belastungen und des Grundfreibetrags wäre ein Antrag auf andere Verteilung sinnvoll.

4 a)

	Einkünfte aus Gewerbebetrieb	45.000,00
+	Einkünfte aus selbst. Arbeit	135.000,00
	Summe der Einkünfte/GdE	180.000,00
–	Sonderausgaben	12.500,00
	Einkommen	167.500,00

Beim Aktienverkauf entstandene Verluste sind nicht mit positiven Einkünften zu verrechnen.

b) keine

Fall 50

Die Zahlung an den Vater ist als Sonderausgabe (12.000,00 €) abzugsfähig.

Fall 51

Für den VZ 2021 können als Sonderausgaben folgende Beträge als Kirchensteuer geltend gemacht werden:

	Vorauszahlungen für 2021	1.920,00
+	Nachzahlungen für 2019	480,00
		2.400,00
–	Erstattung für 2018	240,00
		2.160,00

Fall 52

Unterhaltsleistungen sind nach § 10 (1) Nr. 1 EStG als Sonderausgaben abzugsfähig.
1. Frau: Höchstbetrag von 13.805,00; 2. Frau: tatsächlich bezahlt; 10.800,00

Fall 53

Ewald Kranz:	Werbungskosten
Petra Kranz:	Werbungskosten (evtl. Betriebsausgaben)
Jürgen Kranz:	Werbungskosten
Sonja Kranz:	Sonderausgaben (ohne Einnahmen aber keine Wirkung)
Max Bauer:	nicht abzugsfähige Ausgaben

Übungen zu 3.8.2

1 7.200,00 sind beim Ehemann als Sonderausgaben abzugsfähig, wenn sie die Ehefrau als sonstige Einkünfte versteuert. Frau Popp hat dann Anspruch auf einen Werbungskostenpauschbetrag von 102,00.

2 Die Unterhaltszahlungen sind als Sonderausgaben abziehbar. Der Abzug ist auf 13.805,00 beschränkt (ggf. Erhöhung um übernommene KV/PflV-Beiträge.

3 Sonderausgabenabzug in voller Höhe (10.800,00) möglich. Voraussetzung ist, dass die Besteuerung der Unterhaltszahlungen beim Empfänger durch eine Bescheinigung der zuständigen ausländischen Steuerbehörde nachgewiesen wird (§ 1 a Abs. 1 Nr. 1 EStG).

4 5.000,00 (Höchstbetrag)

5 625,00 + 39,00 = 664,00 Werbungskosten
Der Kurs der Wasserwacht ist nicht auf eine Erwerbstätigkeit gerichtet, d. h. kein SA-Abzug.

6

EM:	450,00	Kursgebühr	= Werbungskosten (keine SA)
EF:	1.100,00	Promotion	= Werbungskosten (keine SA)

Fall 54

Methode 1:

Geleistete Spende (Gesamt)	3.000,00	
Maximal abzugsfähig (20 % v. GdE)	8.000,00	
Als Sonderausgaben abzugsfähige Spenden (höchstens tatsächlich geleistete Spende)		= 3.000,00

Methode 2:
4 v. Tausend der Summe aus Umsätze, Löhne und Gehälter = 2.000,00.
Methode 1 führt zum höheren Ergebnis.

Übungen zu 3.8.3

1 200,00 sind voll abzugsfähig als Sonderausgabe nach § 10 b (1) EStG.

2 **Methode 1:**

geleistete Spende für wissenschaftl. Zwecke:	3.000,00	
+ geleistete Spenden für kirchliche Zwecke:	5.000,00	
insgesamt	8.000,00	
Maximal abzugsfähig	11.000,00	
als Sonderausgaben abzugsfähig		8.000,00

Methode 2: (führt zu einem niedrigerem Ergebnis) 4 v. T. von 980.000,00 = 3.920,00

3 Gar nicht, da er eine Gegenleistung erhalten hat. Der in den Briefmarken enthaltene „Spendenanteil" ist auch nicht anteilig zu berücksichtigen.

4 **Methode 1:**

geleistete Spenden insgesamt	12.000,00	
Höchstbetrag (20 % vom GbE)	17.000,00	
als Sonderausgaben abzugsfähig:		12.000,00

5 **Methode 1:**

geleistete Spende insgesamt	10.000,00	
abzugsfähiger Höchstbetrag	21.000,00	
als Sonderausgaben abzugsfähig		10.000,00

Methode 2:
4 v. Tausend von 1.300.000,00 = 5.200,00 abzugsfähige Sonderausgaben
Die Methode 1 führt zu einem günstigeren Ergebnis. Als Sonderausgaben abzugsfähig sind 10.000,00.

6 Gesamtspende: 851,00
Abziehbar sind maximal 20 % von 16.800,00 = 3.360,00
als Sonderausgaben abzugsfähig: 851,00

7 Kein Abzug, Freiwilligkeit fehlt

8 Maximal abziehbar sind von den 12.000,00
geleistete Spenden 20 % von 100.000,00 = 20.000,00
als Sonderausgaben abzugsfähig: 12.000,00

9 Keine Berücksichtigung, Nachweis fehlt!

10 Ja, gilt als „Sachspende", Spendenabzug gem. § 10 b (1) ist möglich.

11 Mitgliedsbeitrag -Sportverein ist nicht abzugsfähig

Spende an den Sportverein ist abzugsfähig	400,00
Aufwandsverzicht gilt als Spende	195,00
Berücksichtigungsfähig	595,00

Ein Sonderausgabenabzug nach § 10 b EStG ist in Höhe von 595,00 möglich, da der Höchstbetrag nicht überschritten wird.

12 Kein Abzug möglich

13 Nicht abzugsfähig; § 10 b (1) S. 8 Nr. 4 EStG i.V.m. § 52 (2) Nr. 23 AO.

Fall 55

Mitgliedsbeiträge/Jahr (60,00 × 12)	720,00
Spende A-Partei	2.000,00
Parteispende gesamt	2.720,00
Spende Wählervereinigung	2.500,00

Parteispende: Berücksichtigungsfähig sind bei Ledigen max. 1.650,00. Dies führt zu einer Steuerermäßigung von 50 % = 825,00. Von den Parteispenden/Mitgliedsbeiträgen blieben 1.070,00 (2.720,00 – 1.650,00) unberücksichtigt. Sie können nach § 10 b Abs. 2 EStG als Sonderausgaben berücksichtigt werden.

Spende Wählervereinigung: Berücksichtigungsfähig sind wieder max. 1.650,00. Dies führt zu einer Steuerermäßigung von 50 % = 825,00. Von der Spende an die Wählervereinigung blieben 850,00 (2.500,00 – 1.650,00) unberücksichtigt, die nicht nach § 10 b EStG abgesetzt werden können.

Übungen zu 3.8.4

1	Mitgliedsbeitrag	360,00	
	Berücksichtigungsfähig	360,00	› unberücksichtigt bleiben 0,00
	50 % Steuerermäßigung nach § 34 g EStG	180,00	

Kein weiterer Abzug nach § 10 b EStG

2	Spende	1.200,00	
	Berücksichtigungsfähig	1.200,00	› unberücksichtigt bleiben 0,00
	50 % Steuerermäßigung nach § 34 g EStG	600,00	

Kein weiterer Abzug nach § 10 b EStG bei Spenden an Wählergemeinschaften!

3	Spende	3.400,00	
	Berücksichtigungsfähig	3.300,00	› unberücksichtigt bleiben 100,00
	50 % Steuerermäßigung nach § 34 g EStG	1.650,00	

Kein weiterer Abzug nach § 10 b EStG bei Spenden an Wählergemeinschaften!

4 a) Steuerermäßigung nach § 34 g EStG

Spende	500,00	
Berücksichtigungsfähig	500,00	› unberücksichtigt bleiben 0,00
50 % Steuerermäßigung nach § 34 g EStG	250,00	

b) Kein weiterer Abzug nach § 10 b EStG bei Spenden an Wählergemeinschaften!

c) Das Ergebnis bleibt gleich

5

Spende	4.000,00	
Berücksichtigungsfähig	3.300,00	› unberücksichtigt bleiben 700,00
50 % Steuerermäßigung nach § 34 g EStG	1.650,00	

Nach § 10 b EStG sind 700,00 (4.000,00 – 3.300,00) als Sonderausgaben abziehbar.

6 C-Partei:

Spende	3.100,00	
Berücksichtigungsfähig	1.650,00	› unberücksichtigt bleiben 1.450,00
50 % Steuerermäßigung nach § 34 g EStG	825,00	

Die nach § 34 g EStG unberücksichtigten 1.450,00 können nach § 10 b (2) EStG als Sonderausgaben abgezogen werden.

UWG:

Spende	3.100,00	
Berücksichtigungsfähig	1.650,00	› unberücksichtigt bleiben 1.450,00
50 % Steuerermäßigung nach § 34 g EStG	825,00	

Berücksichtigungsfähig sind 1.650,00, Steuerermäßigung nach § 34 g EStG 825,00.
Kein Sonderausgabenabzug des unberücksichtigten Betrages nach § 10 b (2) EStG.

7 Gezahlte Kirchensteuer ist nicht als Spende anzusetzen (unbeschränkter Sonderausgabenabzug).
Die Versteigerungsaufwendungen sind nicht als Spende anzusetzen (Gegenleistung).

Bruttoeinnahmen	75.000,00		
– Werbungskosten-Pauschbetrag	1.000,00		
Einkünfte i. S. d. § 19 EStG	74.000,00		
– Altersentlastungsbetrag	722,00		
Gesamtbetrag der Einkünfte	73.278,00		
geleistete Spende für wissenschaftliche Zwecke:		4.500,00	
abzugsf. max.		14.648,00	
als Sonderausgaben abzugsfähige Spenden			4.500,00

Parteispende	10.000,00	
Berücksichtigungsfähig	1.650,00	› unberücksichtigt bleiben 8.350,00
50 % Steuerermäßigung nach § 34 g EStG	825,00	

Nach § 10 b EStG sind 1.650,00 (Höchstbetrag bei Ledigen) als Sonderausgaben abziehbar.

8

	Bruttoarbeitslohn	81.000,00	
–	Wk-Pb	1.000,00	
	Einkünfte/GbE	80.000,00	

Parteispende	3.500,00	
Berücksichtigungsfähig	3.300,00	› unberücksichtigt bleiben 200,00
50 % Steuerermäßigung nach § 34 g EStG	1.650,00	

Die nach § 34 g EStG unberücksichtigten 200,00 können nach § 10 b (2) EStG als Sonderausgaben abgezogen werden.

Spende an die Lebenshilfe Fürth, abzugsfähig max. 20 % vom GbE = 16.000,00
Sonderausgabenabzug = 8.000,00

9 Unabhängige Wählergemeinschaft:

Spende	1.800,00	
Berücksichtigungsfähig	1.650,00	› unberücksichtigt bleiben 150,00
50 % Steuerermäßigung nach § 34 g EStG	825,00	

Kein Sonderausgabenabzug des unberücksichtigten Betrages nach § 10 b (2) EStG.

Die Spende an den Tierschutzverein ist nach § 10 b (1) EStG als Sonderausgabe berücksichtigungsfähig. Da der Gesamtbetrag der Einkünfte von K. 50.000,00 beträgt ist die Spende von 2.500,00 in voller Höhe als Sonderausgabe abzugsfähig (20 % von 50.000,00 = 10.000,00).

Parteispende	2.500,00	
Berücksichtigungsfähig	1.650,00	› unberücksichtigt bleiben 850,00
50 % Steuerermäßigung nach § 34 g EStG	825,00	

Die nach § 34 g EStG unberücksichtigten 850,00 können nach § 10 b (2) EStG als Sonderausgaben abgezogen werden.

10 a)

Parteispende	2.500,00	
Berücksichtigungsfähig	1.650,00	› unberücksichtigt bleiben 850,00
50 % Steuerermäßigung nach § 34 g EStG	825,00	

Die nach § 34 g EStG unberücksichtigten 850,00 können nach § 10 b (2) EStG als Sonderausgaben abgezogen werden.

Spende an die UWG	3.000,00	
Berücksichtigungsfähig	1.650,00	› unberücksichtigt bleiben 1.350,00
50 % Steuerermäßigung nach § 34 g EStG	825,00	

Kein Sonderausgabenabzug des unberücksichtigten Betrages nach § 10 b (2) EStG.

b) Parteispende
Steuerermäßigung 1.250,00
Kein weiterer Abzug nach § 10 b (2) EStG

UWG-Spende
Steuerermäßigung 1.500,00
Kein weiterer Abzug nach § 10 b (2) EStG

11 Steuerermäßigung § 34 g EStG: 1.650,00
Sonderausgabenabzug § 10 b EStG: 100,00

UWG-Spende
Steuerermäßigung § 34 g EStG 600,00

12 3.300,00 €

Fall 56

Sonderausgabenabzug nach § 10 (1) Nr. 5 EStG

Tochter:		
Betreuungskosten 3.300 €; $\frac{2}{3}$	=	2.200 €
Sohn:		
Betreuungskosten 1.500 €; $\frac{2}{3}$	=	1.000 €
Gesamt		3.200 €

Übungen zu 3.8.5.

1 Sonderausgabenabzug nach § 10 (1) 5 EStG; $\frac{2}{3}$ von 480 € = 320 €

2 Sonderausgabenabzug nach § 10 (1) 5 EStG; $\frac{2}{3}$ von 1.740 € = 1.160 €

3 a) Ja, Sonderausgabenabzug nach § 10 (1) 5 EStG; $\frac{2}{3}$ von 2.400 € = 1.600 €
Steuermindernd nur wenn Einkünfte vorliegen

b) Nein

4 a) Sonderausgabenabzug nach § 10 (1) 5 EStG; $\frac{2}{3}$ von 1.200 € = 800 €

b) keine Änderung

5 Schulgeld: 30 % von 4.560 € = 1.368 € gem. § 10 (1) 9 EStG

6 Sonderausgabenabzug nach § 10 (1) Nr. 5 EStG; $\frac{2}{3}$ von 600 € = 400 €

7 Sonderausgabenabzug nach § 10 (1) Nr. 5 EStG; $\frac{2}{3}$ von 360 € = 240 €

8 Sonderausgabenabzug nach § 10 (1) Nr. 5 EStG $\frac{2}{3}$ von 3.600,00 € = 2.400,00 €

Fall 57

Beitrag zur RV			
EF: 18,6 % von 40.000,00 =	7.440,00	(AG-Anteil:	3.720,00)
EM: 18,6 % von 35.000,00 =	6.510,00	(AG-Anteil:	3.255,00)
Beitrag Rürup-Rente EF:	3.600,00	(AG-Ges.	6.975,00)
Beitrag Rürup-Rente EM:	3.600,00		
Gesamt	21.150,00		

Der Höchstbetrag bei Ehepaaren wird nicht überschritten.

92 % von 25.787,00	23.724,04
– Arbeitgeberbeitrag	6.975,00
abzugsf. Vorsorgeaufw.	16.749,04

Übungen zu 3.8.5.1

1 2021: 92 % von 20.000,00 = 18.400,00
2022: 94 % von 20.000,00 = 18.800,00
2023: 96 % von 20.000,00 = 19.200,00

2 a) Arbeitgeber- + Arbeitnehmeranteil = 8.000,00

	92 % von 8.000,00	7.360,00
–	steuerfr. AG-Anteil	4.000,00
	Sonderausgaben	3.360,00

b) Der SA-Abzug erhöht sich auf um 92 % von 1.000,00 = 920,00 auf insgesamt 4.280,00.

3 a) 0 Euro, er bezahlt keine Beiträge für seine Altersvorsorge
b) Höchstbetrag 25.787,00 abzüglich fiktiver Gesamtbetrag zur gesetzlichen RV 5.208,00 = 20.579,00 × 92 % = 18.932,68

4 a) Arbeitgeber- + Arbeitnehmeranteil = 11.160,00

	92 % von 11.160 =	10.267,20	
–	steuerfr. AG-Anteil	5.580,00	
	Sonderausgaben	4.687,20	
b)	Höchstens sind anzusetzen: 92 % von 25.787,00 =	23.724,04	
–	Arbeitgeberbeitrag zur Rentenversicherung	5.580,00	
		18.144,04	
	mit den Beiträgen zur RV berücksichtigt	4.687,20	
	verbleiben	13.456,84	= 92 %
	zu leistender Beitrag priv. Leibrentenvers.	14.627,00	

oder: 25.787,00 – 11.160,00 = 14.627,00

5 2021: 92 % von 51.574,00 (Höchstbeitrag zur knappschaftl. RV 2021, § 10 (3) S.1 EStG) = 47.448,08; ansetzbar sind 92 % von 24.000 € = 22.080

6 Gesamtbeitrag: 6.000,00
Abziehbar 92 % von 6.000,00 = 5.520,00

7 a) 3.906,00
b) 4.158,00
c) unverändert 3.906,00

8 Gesamtbeitrag zu abzugsfähigen Vorsorgeaufwendungen 12.000,00
92 % von 12.000,00 = 11.040,00
aber:

	Höchstbeitrag maximal	25.787,00
–	fiktiver Gesamtbeitrag zur gesetzlichen RV, 18,6 % v. 52.000	9.672,00
=	gekürzter Höchstbeitrag	16.115,00
	davon 92 %	14.825,80

Als Sonderausgaben 2021 anzusetzende Altervorsorgeaufwendungen = niedrigerer Betrag: 11.040,00

9 a) Beitrag Ehefrau 24.000,00

	Höchstbeitrag maximal	51.574,00
–	fiktiver Gesamtbeitrag zur gesetzlichen RV, 18,6 % v. 48.000,00	8.928,00
=	Gekürzter Höchstbeitrag	42.646,00

abziehbar 92 % v. 24.000,00 = 22.080,00

b) Der SA-Abzug erhöht sich um 92 % von 3.000,00 = 2.760,00 auf insgesamt 24.840,00

10 2021: 92 % von 18.000 = 16.560
2022: 94 % von 18.000 = 16.920
2023: 96 % von 18.000 = 17.280

11 Gesamtbeitrag zu abzugsfähigen Vorsorgeaufwendungen – hier nur gesetzliche

	Rentenversicherung =	5.580,00
	davon 92 % =	5.133,60
–	Steuerfreier Arbeitgeberanteil RV	2.790,00
	anzusetzende Sonderausgaben	2.343,60

12 a) Gesamtbeitrag zu abzugsfähigen Vorsorgeaufwendungen – hier nur gesetzliche

	Rentenversicherung = 18,6 % von 50.000 =	9.300,00
	92 % von 9.300 =	8.556,00
–	steuerfr. AG-Anteil	4.650,00
	Sonderausgaben	3.906,00

b)

	Gesamtbeitrag =	15.300,00
	92 % von 15.300 =	14.076,00
–	steuerfr. AG-Anteil	4.650,00
	Sonderausgaben	9.426,00

13 a)

	Arbeitgeber- + Arbeitnehmeranteil =	9.486,00
	92 % von 9.486 =	8.727,12
–	steuerfr. AG-Anteil	4.743,00
	Sonderausgaben	3.984,12

b) Zusatzbeitrag 6.000 € ➔ 92 % zusätzliche Sonderausgaben = 5.520 €

14 Gar nicht, pauschale Beiträge des Arbeitgebers zählen nicht.

Fall 58

KV-Beiträge die einer Basisversorgung entsprechen	4.320,00
Beiträge zur Pflegeversicherung	2.400,00
Als sonstige Vorsorgeaufwendungen abziehbar	6.720,00

Fall 59

KV-Beiträge die einer Basisversorgung entsprechen	3.780,00
Beiträge zur Pflegeversicherung	2.400,00
Als sonstige Vorsorgeaufwendungen abziehbar	6.180,00

Da damit der Höchstbetrag von 1.900,00 ausgeschöpft ist, sind die übrigen Versicherungen nicht mehr anzusetzen.

Übungen zu 3.8.6.2 und 3.8.6.3

1 sonstige abziehbare Vorsorgeaufwendungen i. S. d. § 10 (1) 3

a) 2021: 6.000,00

b) 2022: keine Änderung

2 Ansatz als sonstige abziehbare Vorsorgeaufwendungen i. S. d. § 10 (1) 3 a, falls der Höchstbetrag nicht ausgeschöpft ist.

3 a) 3.600,00

b) 3.480,00

4 EM: 2.376,00
EF: 2.862,00

5 abziehbare Aufwendungen zur Altersvorsorge:

	Arbeitgeber- + Arbeitnehmeranteil =	2.976,00
	92 % von 2.976,00	2.737,92
–	steuerfr. AG-Anteil	1.488,00
	Sonderausgaben	1.249,92
	KV 7,3% v. 16.000,00 –4%	1.121,28
	PV 1,775% v. 16.000,00	284,00
	AV 1,20% v. 16.000,00	192,00
	LV 88% v. 720,00	633,60
+	sonstige abziehbare Vorsorgeaufwendungen, max.	1.900,00
	Summe	3.149,92

6 a)

7,75 % von 50.000,00 – 4 %	=	3.720,00
1,525 % von 50.000,00	=	762,50
Summe sonstige Vorsorgeaufw.		4.482,50

b) 4.560,00

7 1.824,00

8

Herr Huber	3.800,00 > 2.800,00 =	3.800,00
Frau Huber		
Sonstige Vorsorgeaufwendungen		
KV 7,75 % von 14.800,00 – 4 %		1.101,12
PV 1,775 % von 14.800,00		262,70
AV 1,20 % von 14.800,00		177,60
Summe		1.541,42
Höchstbetrag		1.900,00
sonstige Vorsorgeaufwendungen abziehbar		1.541,42

Die sonstigen Vorsorgeaufwendungen von Frau Huber umfassen die Beiträge zur Kranken-, Pflege- und Arbeitslosenversicherung.

9 Grundversorgung: 0,00
sonst. VA: 5.600,00

10	Abzugsfähige Aufwendungen zur Altersvorsorge Gesamtbeitrag Rentenvers. 4.620,24	
	92 % hiervon	4.250,62
	– steuerfreier Arbeitgeber-Beitrag	2.310,12
	=	1.940,50
	Sonstige Vorsorgeaufwendungen 2021: 96 % von 1.813,32	1.740,79
	PV	291,87
	sonstige VA	2.032,66
11	Sonderausgaben-Pauschbetrag	72,00
	Sonstige abziehbare Vorsorgeaufwendungen 3.200,00 + 3.500,00	6.700,00
	Summe abziehbare Sonderausgaben	6.772,00
12	Grundversorgung: 92 % von 2.000,00 =	1.840,00
	Sonstige Vors.-Aufwendungen	6.000,00
	Insgesamt anzusetzen	7.840,00

Fall 60

	Berücksichtigungsfähige Aufwendungen	3.480,00
–	Ersatz von der Krankenkasse	1.310,00
=	außergewöhnliche Belastung	2.170,00
–	zumutbare Belastung	1.286,00
	abziehbare außergewöhnliche Belastung	884,00 (gerundet)

Übungen zu 3.9.1

1	Gesamtbetrag der Einkünfte: 34.000,00		
	außergewöhnliche Belastung	3.500,00	(22.500,00 – 19.000,00)
	– zumutbare Belastung	1.886,00	
	abziehbare agB	1.614,00	(gerundet)
2	Aufwand	18.400,00	
	Ersatz	4.400,00	
	Außergewöhnliche Belastung	14.000,00	
	Zumutbare Belastung (GdE = 80.000,00)	4.935,00	
	abziehbare agB	9.065,00	(gerundet)
3	Außergewöhnliche Belastung	3.200,00	
	Zumutbare Belastung (GdE = 55.000,00)	588,00	
	abziehbare agB	2.612,00	(gerundet)

Die Aufwendungen für den Leichenschmaus (oder Trauerkleidung) sind nicht abziehbar.

4

Aufwand	3.800,00
Ersatz	2.000,00
Außergewöhnliche Belastung	1.800,00
Zumutbare Belastung (GdE = 41.000,00)	2.306,00
abziehbare agB	0,00

5 Null, keine Zwangsläufigkeit

Fall 61

	Höchstbetrag		9.744,00
	Erhöhungsbetrag Krankenvers. (96%)		+ 472,32
	Erhöhungsbetrag Pflegevers.		+ 73,50
			10.289,82
	Ermittlung der Einkünfte der Tochter:		
	Arbeitslohn	6.000,00	
–	Werbungskosten-Pauschbetrag	1.000,00	
	Einkünfte § 19	5.000,00	
–	Karenzbetrag	624,00	
=	anrechenbare Einkünfte	4.376,00	– 4.376,00
	Anzusetzender Höchstbetrag		5.913,82

Die 4.800,00, mit denen der Steuerpflichtige seine Tochter unterstützt, sind in voller Höhe als Unterhaltsaufwendungen anzusetzen.

Fall 62

Ausbildungsfreibetrag 924,00

Fall 63

Ja, es besteht Anspruch auf einen Behinderten-Pauschbetrag von 7.400,00/Jahr und einen Pflege-Pauschbetrag von 1.800 €/Jahr, die auf die Eltern übertragen werden können.

Übungen zu 3.9.2 bis 3.9.4

1 a)

	Aufwendungen	9.360,00	(780,00 × 12 Monate)	
	Höchstbetrag			9.744,00
	Ermittlung der Einkünfte der unterhaltenen Person:			
	Einnahmen (18 % von 3.000,00)	540,00		
–	Werbungskosten	102,00		
=	Einkünfte	438,00 ➔	438,00	

Ermittlung der Bezüge der unterhaltenen Person:

Bezüge (2.460,00 + 2.400,00)	4.860,00		
– Kostenpauschale	180,00		
= Bezüge	4.680,00 ➔	+ 4.680,00	
Summe der anzurechnenden Einkünfte und Bezüge		5.118,00	
– Karenzbetrag		624,00	
=		4.494,00	4.494,00
			5.250,00
+ Erhöhungsbetrag KV/PfV			5.760,00
= abziehbare Unterhaltsaufwendungen			11.010,00

aber: max. gezahlte Aufwendungen in Höhe von 9.360,00

2 Tochter Cornelia:
keine agB; für Ausbildungsfreibetrag fehlt es an den notwendigen Voraussetzungen.

Sohn Robert:
924,00 Ausbildungsfreibetrag nach § 33 a (2), da auswärts untergebracht und über 18 Jahre alt.

Sohn Karl:
Keine agB. Es fehlt an der auswärtigen Unterbringung.

3 Ausbildungsfreibetrag 924,00

4 a) 1.440,00

b)

Aufwendungen	1.480,00	
– zumutbare Belastung	750,00	
= abziehbare agB	730,00	➔ Pauschbetrag ist günstiger

c) Nein

5 860,00/Jahr

6 2.120,00/Jahr. Keine zeitanteilige Kürzung

7 Sohn: Pauschbetrag gem. § 33 b (3) S. 3 EStG von 7.400,00, der auf die Eltern übertragbar ist.

Pflege-PB	924,00	
Ehefrau: Behinderten-PB	1.780,00	
Haushaltshilfe	0,00	
Krankheitskosten	2.500,00	
– zumutbare Belastung	1.349,00	(GdE 50.100,00)
abziehbare agB	1.151,00	

Der Gesamtbetrag der Einkünfte des Ehepaares beträgt

Einnahmen	51.100,00
– Werbungskosten-Pauschbetrag	1.000,00
Einkünfte/GdE	50.100,00

Die Kindergartenkosten für den Sohn sind Sonderausgaben.

$\frac{2}{3}$ von 4.080 € = 2.720 €.

Die Aufwendungen für den Gärtner sind nach § 35 a EStG begünstigt.

Fall 64

Klaus:	ja, unter 18
Sabine:	ja, unter 18
Jürgen:	ja, während des ganzen Jahres

Fall 65

Kinderfreibetrag:	455,00/Monat × 12 Monate = 5.460,00/Jahr	oder
Kindergeld:	225,00/Monat × 12 Monate = 2.700,00	

Fall 66

Kinderfreibetrag:	5.460,00
Betreuungsfreibetrag:	2.928,00

Übungen zu 3.11

1 a) ja
b) ja
c) ja, Vollendung des 18. Lebensjahres am 31.12.2020 aber in Ausbildung
d) ja, Alter unerheblich, da aufgrund der Behinderung nicht in der Lage sich selbst zu unterhalten
e) ja, Einkünfte sind unerheblich
f) ja, während des ganzen Jahres
g) ja, unbeschränkte Steuerpflicht ist keine Voraussetzung.
h) nein, über 18, nicht in Ausbildung
i) ja, Altersgrenze verschiebt sich wg. Zivildienst
k) nein, Altersgrenze überschritten

2 Ja, der Sohn Ewald vollendet im VZ 2021 sein 20. Lebensjahr. Er erfüllt aufgrund dieses Alters und seiner Arbeitslosigkeit die Voraussetzungen für eine weitere Berücksichtigung als Kind (§ 32 Abs. 4 S. 1 Nr. 1 EStG).

3 ja, § 32 (4) S. 1 Nr. 2 a

4 Elke Richter hat Anspruch auf den Kinderfreibetrag, und den Betreuungsfreibetrag, da alle Voraussetzungen vorliegen.

5 ja, 5.460,00 Kinderfreibetrag und 2.928,00 Betreuungsfreibetrag

6 a) Kinderfreibetrag 5.460,00 und 2.928,00 Betreuungsfreibetrag
b) Die o.g. Freibeträge werden auch für den Sohn Oliver gewährt.

7 ja, während des ganzen Jahres in voller Höhe; 455 €/Monat

8 a) $\frac{2}{3}$ von 4.000 € = 2.667 € werden als Sonderausgaben abgezogen

b) Ja, Voraussetzungen sind erfüllt

c) Ja, Voraussetzungen sind erfüllt

d) Nein, Kindergeld ist günstiger

9 Ja, sie ist ein steuerlich zu berücksichtigendes Kind (unter 25 Jahre und in Ausbildung).
Das Einkommen aus dem Minijob spielt keine Rolle.
Kinderfreibetrag Ehepaar: 455,00 €/Monat

Fall 67

Berechnung des auf die Nebeneinkünfte entfallenen AEB:
AL 27.500,00 × 15,2 % max. 722,00

Auf die Nebeneinkünfte entfällt kein Altersentlastungsbetrag

Einkünfte ohne Lohnsteuerabzug	750,00

Härteausgleich:
820,00 – 750,00 = 70,00

Fall 68

Aus der Tabelle ablesen oder mit Formel berechnen:
Steuer = 8.170,00

Fall 69

	zu versteuerndes Einkommen	24.380,00
+	Arbeitslosengeld	1.628,00
		26.008,00

Besteuert werden nur 24.380,00, aber zu einem Steuersatz, der 26.008,00 entspricht.
Steuer = 3.668,00 (gerundet)

Steuersatz = 15,0454 %

Fall 70

	7.140,00	
–	1.960,00	(490,00 × 4,0)
	5.180,00	

Fall 71

Steuerermäßigung in Höhe von 510 € (Höchstbetrag)

Übung zu 3.11/3.12

1 300,00

2 820,00 – 750,00 = 70,00

3 a) Einzelveranlagung/Grundtabelle
b) Regelfall: Zusammenveranlagung/Splittingtabelle
aber auch: Einzelveranlagung/Grundtabelle
c) Fritz Fink: Einzelveranlagung/Grundtabelle
Geschiedene Ehefrau: Zusammenveranlagung/Splittingtabelle
d) Zusammenveranlagung/Splittingtabelle
e) Einzelveranlagung/Grundtabelle
f) Zusammenveranlagung/Splittingtabelle
Einzelveranlagung/Grundtabelle
g) Einzelveranlagung/Splittingtabelle
h) Einzelveranlagung/Grundtabelle
i) Zusammenveranlagung/Splittingtabelle
Einzelveranlagung/Grundtabelle

4

	zu versteuerndes Einkommen	28.364,00
+	Krankengeld	3.420,00
	Für den Steuersatz maßgebliches Einkommen	31.784,00
	Steuer gem. Grundtabelle:	5.639,00

Steuersatz: 17,7416 %

Anwendung des Steuersatzes auf das zu versteuernde Einkommen von 28.364,00:
= Steuer von 5.032,00

5 988,00 €

6 Die Steuerermäßigung nach § 35 a EStG ist nicht möglich. Sozialversicherungsrechtlich liegt zwar ein Minijob vor, allerdings übt die Tagesmutter ihre Tätigkeit nicht im Haushalt der Eheleute M und F aus.
Als Sonderausgaben abziehbar sind $\frac{2}{3}$ der Aufwendungen von 6.720,00 = 4.480,00, maximal jedoch 4.000,00.

7 Steuerermäßigung in Höhe von 232,00.

8 547,40 € = Dienstleistung; hiervon 20 % = 109,48 (gerundet 110 €) führen zu einer Steuerermäßigung nach § 35 a (3) EStG. Voraussetzung hierfür ist die Abgabe einer Einkommensteuererklärung für 2021.

9 Von den gesamten Aufwendungen können 20% = 986,00, höchstens 510,00 im Rahmen des § 35 a EStG geltend gemacht werden.

10 a) Als Sonderausgaben abziehbar sind $\frac{2}{3}$ der Aufwendungen = 2.400,00.

b) Steuerermäßigung nach§ 35 a EStG 20% von 3.600,00 = 720,00, max. 510,00.

11 Ja, 20 % der Aufwendungen (max. 4.000,00) führen zu einer Steuerermäßigung nach § 35 a EStG in Höhe von 3.384,00. Der Höchstbetrag wird nicht gezwölftelt.

12 a) ja, Steuerermäßigung nach § 35 a EStG; 20% = 252,00

b) Keine Änderung

13 a) Keine Berücksichtigung der Kosten (Freizeitbeschäftigung)

b) Abzug als Sonderausgaben $\frac{2}{3}$ von 3.120,00 = 2.080,00

14 Nein, kein Fall des § 35 a EStG

15 Klaus: Sonderausgabenabzug $\frac{2}{3}$ von 960,00 = 640,00

Nora: Sonderausgabenabzug $\frac{2}{3}$ von 1.920,00 = 1.280,00

16 a) Kinderbetreuungskosten, beide Kinder unter 14 Jahren, ansetzbar sind jeweils $\frac{2}{3}$ der Aufwendungen als Sonderausgaben

Christoph: $\frac{2}{3}$ von 600,00 = 400,00

Sebastian: $\frac{2}{3}$ von 4.800,00 = 3.200,00

b) keine Änderung

c) keine Änderung

17 a) Sonderausgabenabzug $\frac{2}{3}$ von 6.800,00 = 4.000,00, max. 6.000,00

b) Steuerermäßigung nach § 35 a EStG: 20 % von 6.800,00 = 1.360,00

18 Sonderausgabenabzug $\frac{2}{3}$ von 2.220,00 = 1.480,00

19 a) Sonderausgabenabzug $\frac{2}{3}$ von max. 6.000,00 = 4.000,00

b) Nein

20 a) Sonderausgabenabzug $\frac{2}{3}$ von 2.728,80 = 1.819,20

b) Keine steuerliche Berücksichtigung

21 320,15 × 12 = 3.841,80; hiervon 20 % = 768,36, maximal aber 510,00

22 20 % von 1.189,12 = 237,82

23 20 % von 2.172,45 = 434,49

24 a) 20 % von 7.500,00 = 1.500,00
b) 20 % von 15.000,00 = 3.000,00

25 Steuerermäßigung nach § 35 a (3) EStG in Höhe von 218,96

Aufgaben zur Wiederholung und Vertiefung

1		Einkünfte n.s.A. § 19 EStG		
		Werkspension	6.000,00	
	–	Versorgungsfreibetrag	912,00	
	–	Zuschl. zum Versorgungsfreibetrag	342,00	
		WkPb	102,00	4.644,00
		Einkünfte aus Vermietung und Verpachtung § 21 EStG		4.100,00
		Sonstige Einkünfte § 22 EStG		
		Rente 14.160,00		
		steuerpflichtig 81 %	11.469,60	
		./. WkPb	102,00	
				11.367,60
		Summe der Einkünfte		20.111,60
		Altersentlastungbetrag 16,0 % von 4.100,00		656,00
		Gesamtbetrag der Einkünfte		19.455,60

Zeitungsaustragen = steuerfreier Minijob
Zinsen unterliegen der Abgeltungsteuer (Einkünfte: 1.049,00 €).

2		Einkünfte i. S. d. § 19 EStG		43.425,00
		Einkünfte i. S. d. § 20 EStG:		
		Zins-Einnahmen	1.450,00	
		Spekulationsgeschäft:		
		Verkaufserlös	7.364,00	
	–	Anschaffungskosten	6.474,00	
		Spekulationsgewinn	890,00	
		Summe	2.340,00	
	–	Sparer-Pauschbetrag	801,00	
		Einkünfte	1.539,00	
		Einkünfte i. S. d. § 22 EStG – Leistungen:		
		Einnahmen	420,00	
	–	Werbungskosten	80,00	
		Einkünfte		340,00
		Summe der Einkünfte		43.765,00

Zins und Tilgung für die Grundschuld bleiben unberücksichtigt.

Summe der Einkünfte = GdE	43.765,00

Einkünfte i. S. d. § 20 EStG werden bei der Ermittlung des GdE nicht berücksichtigt – vgl. § 2 (5 b) EStG.

3 1. atypischer stiller Gesellschafter = Einkünfte aus Gewerbebetrieb i. S. d. § 15 EStG 5.200,00

Pension = Einkünfte aus nichtselbstständiger Arbeit i. S. d. § 19 EStG	
250,00/Monat × 12 Monate =	3.000,00
– Versorgungsfreibetrag	1.200,00
– Zuschlag zum Versorgungsfreibetrag	900,00
– Wk-Pauschbetrag	102,00
Einkünfte i. S. d. § 19 EStG	798,00

Dividende = Einkünfte aus Kapitalvermögen i. S. d. § 20 EStG	
Dividende	6.000,00
– Sparer-Pauschbetrag	801,00
Einkünfte i. S. d. § 20 EStG	5.199,00

Rente = sonstige Einkünfte i. S. d. § 22 EStG	
1.200,00/Monat × 12 Monate	14.400,00
– Rentenfreibetrag	7.200,00
– Werbungskosten-Pauschbetrag	102,00
Einkünfte i. S. d. § 22 EStG	7.098,00

Der Gewinn aus dem Verkauf der bisher selbst genutzten Wohnung ist nicht steuerpflichtig. Die Einnahmen als Chorleiter liegen unter dem Freibetrag (§ 3 Nr. 26) und bleiben steuerfrei. Die Dividende unterliegt der Abgeltungsteuer (vgl. § 2 (5 b) EStG).

2.

Summe der Einkünfte (ohne § 20)	13.096,00
– 40 % AEB, max.	1.900,00
Gesamtbetrag der Einkünfte	11.196,00

3. keinen Einfluss

4.

3.000 Aktien × 2,00/Aktien =	6.000,00
– 25 % Abgeltungsteuer	1.500,00
– SolZu 5,5 %	82,50
Gutschriftsbetrag	4.417,50

5. Er bleibt unverändert (7.200 €).

4 Ermittlung der Einkünfte i. S. d. § 19 EStG		
Bruttoarbeitslohn		46.900,00
Sachbezüge (Berechnung gem. § 8 Abs. 3 EStG):		
Endpreis im allgemeinen Geschäftsverkehr	7.000,00	
– 4 % dieses Endpreises	280,00	
= geminderter Endpreis	6.720,00	
– von der Arbeitnehmerin bezahlter Preis (7.000,00 – 20 % Rabatt)	5.600,00	
geldwerter Vorteil	1.120,00	
– Rabattfreibetrag 1.080,00	1.080,00	
steuerpflichtiger Arbeitslohn		40,00
Werbungskosten		
Fahrtkosten: 1.260,00 + 1.102,50	2.362,50	
Kontoführungsgebühr	16,00	
Fachliteratur	100,00	
		– 2.478,50
Einkünfte i. S. d. § 19 EStG		44.461,50
Aufwendungen für einen Lehrgang, der Grundkenntnisse in einer gängigen Fremdsprache vermittelt, können nicht als Werbungskosten berücksichtigt werden.		
Ermittlung der Einkünfte i. S. d. § 22 Nr. 1 EStG:		
Bruttorente	1.700,00	
81 % steuerpflichtig	1.377,00	
WkPb, § 9 a Nr. 3 EStG	102,00	
		1.275,00
Ermittlung der Einkünfte i. S. d. § 22 Nr. 2 EStG		
Der Verkauf der Wertpapiere erfolgte außerhalb der Spekulationsfrist, (altes Recht – § 23 Abs. 1 Nr. 2 EStG a. F.).		0,00
Summe der Einkünfte		45.736,50
– Altersentlastungsbetrag § 24 a EStG (15,2 %; max. 722,00)		722,00
Gesamtbetrag der Einkünfte		45.014,50

Da kein Freistellungsauftrag vorlag ist eine Antragsveranlagung sinnvoll.

5 a)	Gehalt = Einkünfte i. S. d. § 19 EStG:			
	13 × 3.200,00 =			41.600,00
	– Werbungskosten (1.260,00 + 661,50 + 172,60 + 416,00 + 16,00)			2.526,10
	Einkünfte i. S. d. § 19 EStG			39.073,90
b)	Landwirtschaft = Einkünfte aus Land- und Forstwirtschaft i. S. d. § 13 EStG:			
	Einkünfte je $\frac{1}{2}$ anzusetzen			35.000,00
c)	journalistische/schriftstellerische Tätigkeit			
	= Einkünfte i. S. d. § 18 EStG			
	Einnahmen		3.800,00	
	– Ausgaben		1.400,00	
	Einkünfte i. S. d. § 18 EStG			2.400,00
d)	KG-Beteiligung = Einkünfte i. S. d. § 15 EStG: Einkünfte des Wirtschaftsjahres, das im Kalenderjahr endet			15.000,00
e)	Wohnmobilvermietung = Einkünfte i. S. d. § 22 EStG:			
	Einnahmen		350,00	
	– Werbungskosten		95,00	
	Einkünfte		(unter 256,00) 255,00	0,00
f)	Mehrfamilienhaus = Einkünfte i. S. d. § 21 EStG			
	Einnahmen:			
	Mieten (einschl. Umlagen)		31.200,00	
	Werbungskosten			
	Kleinreparaturen	1.000,00		
	Zinsen	10.000,00		
	Sonstige	2.000,00		
	Heizung, Strom	3.200,00		
	AfA 2 % v. 300.000,00	6.000,00		
			– 22.200,00	
	Einkünfte			9.000,00
	Summe der Einkünfte = GbE			100.473,90

6 a) Einkünfte i. S. d. § 19 EStG

Arbeitslohn	35.000,00	
+ Versorgungsbezüge	3.800,00	
– Versorgungs-Freibetrag	190,00	
– Zuschlag zum Versorgungsfreibetrag	57,00	
– ANPb	1.000,00	
– WkPb	102,00	
Einkünfte		37.451,00
Einkünfte i. S. d. § 20 EStG		
Dividendenanspruch	800,00	
– Sparer-Pauschbetrag	801,00	
Einkünfte		0,00
Einkünfte i. S. d. § 21 EStG		
Mieteinnahmen	9.360,00	
Umlagen	2.400,00	
Einnahmen i. S. d. § 21 EStG	11.760,00	
– Werbungskosten		
Schuldzinsen	9.600,00	
Abschreibung	5.200,00	
Nebenkosten	2.400,00	
Einkünfte		– 5.440,00
Summe der Einkünfte		32.011,00
– Altersentlastungsbetrag (15,2 % von 35.000,00, max. 722,00)		722,00
Gesamtbetrag der Einkünfte		31.289,00
– Sonderausgaben		
Sonderausgaben-Pauschbetrag		36,00
Vorsorgeaufwendungen		4.900,00
– außergewöhnliche Belastungen		
Berücksichtigungsfähige Aufwendungen	4.200,00	
– Ersatz von dritter Stelle	1.700,00	
= außergewöhnliche Belastung	2.500,00	
– zumutbare Belastung	1.723,00	
abziehbare außergewöhnliche Belastung		777,00
zu versteuerndes Einkommen		25.576,00

b) Einzelveranlagung und Grundtabelle

c) Die tarifliche ESt von S ermäßigt sich um 1.200 €.

7 a) Einkünfte i. S. d. § 19 EStG:

		Ehemann	Ehefrau	
	Einnahmen	30.000,00	9.000,00	
–	WkPb	1.000,00	1.000,00	
–	Versorgungsfreibetrag	729,60	0,00	
–	Zuschlag zum Versorgungsfreibetrag	342,00	0,00	
–	WkPb	102,00	0,00	
	Einkünfte	27.826,40	8.000,00	35.826,40
	Einkünfte i. S. d. § 20 EStG:			
	Zinsen		600,00	
	Dividende	1.500,00		
	Einnahme			
	Einnahmen aus Kapitalvermögen		2.100,00	
	Aktienverkäufe:			
	Gewinn		3.380,00	
	Verlust		2.380,00	
	Einnahme		1.000,00	
	Einnahmen aus Kapitalvermögen			
	Summe		3.100,00	
–	Sparer-Pauschbetrag		1.602,00	
=	Einkünfte (Abgeltungsteuerpflichtig)		1.498,00	0,00
	Summe der Einkünfte = GdE			35.826,40

Das Trinkgeld von Frau Schneider ist steuerfrei (§ 3 Nr. 51 EStG).

b) Grundversorgung:

		Ehemann	Ehefrau
	92 %	4.312,22	1.540,08
–	AG-Anteil	2.343,60	837,00
	Abzugsfähige VA	1.968,62	703,08

c) außergewöhnliche Belastung:

	berücksichtigungsfähige Aufwendungen	2.600,00
–	Ersatz von dritter Stelle	700,00
=	außergewöhnliche Belastung	1.900,00
–	zumutbare Belastung GdE: 35.826,40	1.637,00
	abziehbare außergewöhnliche Belastung	263,00
	Summe der Einkünfte = GdE	35.826,00 (gerundet)
–	VA Ehemann	4.500,00
–	VA Ehefrau	4.400,00
–	Sonderausgabenpauschbetrag	72,00
–	außergewöhnliche Belastung	263,00
=	zu versteuerndes Einkommen	26.591,00

d) Splittingtabelle

e) Ja, falls die Zahlung per Bank erfolgt, ermäßigt sich die tarifliche Einkommensteuer um 20 % der Aufwendungen, maximal 600 €.

f) 25 % von 1.498,00 = 374,50

8 1. Einzelveranlagung, Grundtabelle

2.

	Einkünfte aus Gewerbebetrieb	2.000,00
	Einkünfte aus selbstständiger Arbeit	45.000,00
	Summe der Einkünfte	47.000,00
–	Entlastungsbetrag § 24 b	4.008,00
	GdE	42.992,00

Der Verlust von 5.000,00 aus der KG-Beteiligung im VZ 2020 konnte in diesem Jahr auch verrechnet werden.

3. Vorsorgeaufwendungen (KV + PfV) 6.150,00

Die Krankenversicherungsbeiträge sind ohne Kürzung anzusetzen, da es sich lt. Angabe um eine Basisversorgung handelt. Weitere Vorsorgeaufwendungen können dann nicht mehr geltend gemacht werden. Der Sonderausgaben-Pauschbetrag beträgt 36,00.

4. außergewöhnliche Belastungen:

	§ 33 EStG	
	Berücksichtigungsfähige Aufwendungen	4.400,00
–	Ersatz von dritter Stelle	1.625,00
=	außergewöhnliche Belastung	2.775,00
–	zumutbare Belastung	1.136,00
	abziehbare außergewöhnliche Belastung	1.639,00
	§ 33 b EStG	860,00

5. Die Spende mindert die tarifliche Einkommensteuer gem. § 34 g EStG um 50 % von 1.600,00 = 800,00.

6. Keine steuerliche Berüchsichtigung.

9 a)

	Einkünfte i. S. d. § 15 EStG		– 20.000,00
	Einkünfte i. S. d. § 18 EStG		
	Einnahmen von 1.200,00 liegen unter dem Freibetrag § 3 Nr. 26 EStG		0,00
	Einkünfte i. S. d. § 19 EStG:		
	Bruttoeinnahmen	44.200,00	
	Werbungskosten:		
–	Fahrtkosten	2.603,00	
–	Kontoführungsgebühr	16,00	
–	Aufwendungen Klassenfahrt	60,00	
–	Fachliteratur	180,00	
–	Lehrerverband	120,00	
–	50 % Unfallversicherung	80,00	
–	Arbeitsmittel (GWG)	700,00	
–	Arbeitszimmer	1.250,00	
	Einkünfte		39.191,00

Keine Werbungskosten sondern private Lebensführung sind:
- Bewirtungskosten (Kollegen),
- Kursgebühren für Kochkurs,
- Stereoanlage.

	Einkünfte i. S. d. § 20 EStG		
	Spekulationsgewinn; 1.200,00 unterliegt der Abgeltungsteuer		
	Einkünfte § 22 EStG		
	Vermittlungsgebühr unter 256,00	0,00	
	Einkünfte		0,00
	Summe der Einkünfte = GbE		19.191,00
–	Vorsorgeaufwendungen		4.000,00
–	Sonderausgaben-Pauschbetrag		36,00
	zu versteuerndes Einkommen		15.155,00

b) 50 % der Parteispende (= 500,00) mindern gem. § 34 g EStG die Einkommensteuerschuld.

10

Nr.	Erläuterungen/ Berechnung	Betriebseinnahmen(€)		Betriebsausgaben (€)	
		+	./.	+	./.
1	nicht abnutzbares AV, BA erst im Zeitpunkt der Veräusserung; Storno				1.000,00
2	25 % degressive AfA, 2 Monate 20 % AfA § 7 g (5) Vorst. keine BA, da keine Zahlung			100,00 480,00	
3	korrekt (Zuflussprinzip)				
4	Spenden = privat ESt = Privat		2.100,00		600,00
5	50 % Investitionsabzugs-betrag[1)] Vorsteuer = BA Anzahlung keine BA (später AfA)			7.500,00 950,00	
6	Warenschaden keine BA, da schon beim Kauf BA, Geldzufluss = BE	3.500,00			
7	keine Buchung, betrifft 2022, nicht regelmäßig wiederkehrend				
8	Sofortabschreibung als GWG (AHK ≤ 800), Vorsteuer wird erst bei Bezahlung zu BA			400,00	
9	Forderungsverlust keine BA, da Forderung nicht aufgezeichnet				1.190,00
10	BA (Abflussprinzip)			39,00	
11	Scheck gilt mit der Hingabe als abgeflossen.			2.320,00	

[1)] Die gewinnmindernde Berücksichtigung des Investitionsabzugsbetrages kann auch außerhalb der Gewinnermittlung nach § 4 (3) EStG erfolgen.

11

Nr.	Erläuterungen/ Berechnung	Betriebseinnahmen (€) +	Betriebseinnahmen (€) ./.	Betriebsausgaben (€) +	Betriebsausgaben (€) ./.
1	Ausgangswerte AfA 50 % von 1.400,00 [1] USt = BA 20 % AfA § 7 g (5)	106.200,00		94.600,00 116,67 266,00 280,00	
2	Grundstück = AV, nicht abnutzbar, Kaufpreis erst bei Verkauf/Entnahme BA				9.500,00
3	betrieblich Zuflussprinzip	1.100,00			
4	AK = 400,00 netto, Hinzurechnung des Investitionsabzugsbetrages = BE [2] Herabsetzung der AK um 40 % Sofortabschreibung als GWG Vorsteuer = BA bei Zahlung in 2022 (§ 11 Abs. 2 EStG)	160,00		400,00	
5	10-Tage-Regel, BA erst 2022				1.400,00
6	in Ordnung, Zuflussprinzip				
7	Zinszahlung = BA, Abflussprinzip Tilgung keine BA			600,00	
8	30 % von 8.000,00 = 2.400,00 sind BE 8.000,00 – 1.400,00 = 6.600,00; davon 30 % = 1.980,00 19 % von 1.980 = 376,20	2.400,00 376,20			
9	AfA 25 %, für einen Monat, BMG 620,00 20 % AfA § 7 g (5) Hinzurechnung des Investitionsabzugsbetrages [2] gezahlte USt = BA	400,00		12,92 124,00 193,80	
		110.636,20	0,00	96.593,39 10.900,00 85.693,39	10.900,00

	Betriebseinnahmen	110.636,20
–	Betriebsausgaben	85.693,39
=	berichtigter Gewinn	24.942,81

[1] für 2 Monate

[2] Die Hinzurechnung kann auch außerhalb der Gewinnermittlung erfolgen.

12

Nr.	Erläuterungen/ Berechnung	Betriebseinnahmen(€)		Betriebsausgaben (€)	
		+	./.	+	./.
1	Beanspruchung eines Investitionsabzugsbetrages in Höhe von 50 % von 2.250,00 als BA[1)]			1.125,00	
2	Geldeinlagen bleiben unberücksichtigt, Korrektur		50.000,00		
3	keine Erfassung, BA beim Wareneinkauf; Korrektur				725,00
4	AfA = BA, 25 % von 4.800,00 20 % § 7 g (5) bezahlte USt = BA			1.200,00 960,00 912,00	
5	kein Forderungsverlust, Korrektur um 50 % von 1.200,00				600,00
6	Scheckzahlung – Abfluss mit Hingabe, also BA			5.800,00	
7	AfA = BA (linear, 5 Monate kein § 7 g, da immat. WG) gezahlte USt = BA			250,00 342,00	
8	korrekt				
9	korrekt				
10	Darlehenszufluss keine BE, da sie nicht aufgrund betrieblicher Leistungen entstehen		40.000,00		

[1)] Die gewinnmindernde Berücksichtigung des Investitionsabzugsbetrages kann auch außerhalb der Gewinnermittlung nach § 4 (3) EStG erfolgen.

3.13 Lohnsteuer

Fall 1

LSt lt. Monatslohnsteuer-Tabelle: 196,50

Fall 2

AL für Dezember	= laufender AL,	Zufluss 31.12.2020 (Ende des Lohnzahlungszeitraums)
Weihnachtsgeld	= sonstiger Bezug,	Zufluss 02.01.2021 (Kalenderjahr des Zuflusses)

Übungen zu 3.13.1

	Art der Einnahme	Zufluss
1	Urlaubsgeld = sonstiger Bezug	06.2021
2	Gehalt = laufender AL	31.12.2020 (Ende des Lohnzahlungszeitraums)
	Weihnachtsgeld = sonstiger Bezug	04.01.2021
3	Jubiläumszuwendung = sonstiger Bezug	10.12.2021
4	Monatsgehalt = laufender AL	31.05.2021
	Nachzahlung, lfd. AL, R 39 b.3 (1) Nr. 6 LStR	Jan.–April 2021
5	Abschlagszahlung laufender AL	10.12.2021
	Rest = laufender AL	31.12.2021
6	laufender AL	31.12.2021 (Ende des Lohnzahlungszeitraums)
7	Geschenkkorb = sonstiger Bezug	31.12.2021

Übungen zu 3.13.2

1

Steuerpflichtige	Steuerklasse ER	Steuerklasse SIE	
a) Ehegatten	III	V	
b) Witwe		III	
c) Pizzabäcker	II		(Entlastungsbetrag f. Alleinerziehende auf Antrag StKL III, siehe 1 a (1) Nr. 2 EStG)
d) geschiedene Ehegatten	II	I	(Entlastungsbetrag f. Alleinerziehende für Vater, weil Mutter nicht alleinstehend)
e) dauernd getrennt lebende Ehegatten	II	I	(Entlastungsbetrag f. Alleinerziehende für Vater, weil er das Kindergeld bezieht)

2

Ehegatten/eingetragene Lebenspartner	Steuerklasse	
	höher verdienend	geringer verdienend
a) beide rentenversicherungspflichtig beschäftigt	IV-Faktor	IV-Faktor
b) SIE rentenversicherungspflichtig; ER Beamter	III	V
c) beide nicht rentenversicherungspflichtig	III	V

3

	ER:	SIE:		
a)	III: 267,16	V: 177,00	Summe:	444,16
b)	IV: 550,50	IV: 39,25	Summe:	589,75
c)	IV-Faktor: 506,75	IV-Faktor: 36,08	Summe:	542,83

d)

Jahresarbeitslohn Ehemann 43.200 €,	Jahres-LSt in StKl IV	6.603,00
Jahresarbeitslohn Ehefrau 16.800 €,	Jahres-LSt in StKl IV	471,00
Summe		7.074,00
Gemeinsamer Jahresarbeitslohn 60.000 €		
ESt nach dem Splittingverfahren		6.518,00
Erstattung im Veranlagungsverfahren		562,00

Berechnung des **Faktors**: 6.518,00 : 7.074,00 = **0,921**

Einkommensteuer nach dem Splittingverfahren		6.518,00
Jahreslohnsteuer nach dem Faktorverfahren	542,83 × 12 =	6.514,00
Differenz zur ESt (keine Nachzahlung, da < 25,00)		– 4,00

Fall 3

	Bruttoarbeitslohn	3.260,00	LSt	144,66
–	Monatsfreibetrag	220,00	KiSt	0,00 bzw. 0,00 (8 % / 9 %)
–	Pauschbetrag für Behinderte monatlich	60,00		
	Bemessungsgrundlage für LSt-Abzug	2.980,00		

Übungen zu 3.13.3

1

	LSt	KiSt
a)	45,33	0,00
b)	0,00	0,00
c)	98,41	7,87
d)	109,41	0,20
e)	36,41	2,91
f)	0,00	0,00

2 LSt lt. Jahreslohnsteuertabelle
LStKL I: 3.129,00 LStKL III: 584,00

Einkommensteuer lt.	Grundtabelle	Splittingtabelle
Bruttoarbeitslohn	29.320,00	29.320,00
– Arbeitnehmer-Pauschbetrag	1.000,00	1.000,00
– Sonderausgaben-Pauschbetrag	36,00	72,00
– Vorsorgepauschale	5.068,00	5.068,00
zu versteuerndes Einkommen	23.216,00	23.180,00
Einkommensteuer	3.129,00	584,00

Fall 4

Mitteilungen an das Bundeszentralamt für Steuern

Stadt Ulm: Heirat
Stadt Neu-Ulm: Wohnsitzwechsel, Geburt des Kindes

Wohnsitzfinanzamt Ulm: Steuerklassenwechsel
Wohnsitzfinanzamt Neu-Ulm: Kinderfreibetrag, Steuerklassenwechsel

Fall 5

Der Steuerpflichtige muss die ELStAM ändern lassen, weil die Eintragungen auf der LSt-Karte (Zahl der KFB) günstiger sind, als es den Verhältnissen zu Beginn des Kalenderjahres, für das die ELSTAM gelten, entspricht.

Übungen zu 3.13.4

		LSt-Klasse	Zahl der KFB	
1	Baldauf	II	1	
2	Daniel Voss	I	1	
	Stefanie Wilder	I	1	
3	Özdemir	II	1	(nur Mehmet)
4	Frau Alberti	III	2,5	
	Herr Alberti	—	—	keine LSt-Karte, da Ek aus Gewerbebetrieb
	Vater 1. Ehe	I	1	
	Mutter 1. Ehe	I	0,5	
5	Ehemann	IV	0,5	Der KFB für die Tochter wird auf Antrag vom Finanzamt eingetragen.
	Ehefrau	IV	0,5	

Übungen zu 3.13.4. (Änderung der ELStAM)

1 a) Änderung der Steuerklasse aus Anlass der Eheschließung; die Ehegatten erhalten automatisiert beide die Steuerklasse IV; mit der Geburt des Sohnes und der gleichzeitigen Arbeitsaufgabe der Ehefrau erhält der Ehemann auf gemeinsamen Antrag die Steuerklasse III, Zahl der KFB 1.

b) Wohnsitzfinanzamt

c) Steuerklassen IV ab Februar 2021, Monat der Eheschließung
Steuerklasse III, Zahl der KFB 1 ab November 2021 Monat der Geburt

2 a) Wohnsitzfinanzamt

b) Steuerklasse V; die Zahl der KFB kann nur in den Steuerklassen I – IV eingetragen werden, § 39 (3) EStG

3 Eine Änderungspflicht besteht nur, wenn die tatsächlichen Verhältnisse zum Nachteil des Stpfl. von den Eintragungen in den ELStAM des AN abweichen. Die Änderung in Steuerklasse II, Zahl der KBF 0,5, ist jedoch wegen der geringeren Steuer durch den Entlastungsbetrag für Alleinerziehende empfehlenswert.

Fall 6

Prüfung der Zulässigkeit des Antrags:

Werbungskosten	2.172,50	Werbungskosten:	
– ANP	1.000,00	230 × 20 × 0,30 =	1.380,00
verminderte Aufwendungen	1.172,50	230 × 5 × 0,35 =	402,50
+ Sonderausgaben (KiSt)	310,00	Berufsverband, Fachlit., Arbeitskl.	390,00
berücksichtigungsfähige Aufw.	1.482,50 > 600,00	**Antrag ist zulässig!**	

Berechnung des Freibetrags:

Werbungskosten, aufgerundet		2.173,00	
– ANP		1.000,00	
erhöhte Werbungskosten		1.173,00	
+ Sonderausgaben	310,00		
– SAP	36,00		
erhöhte Sonderausgaben	274,00	274,00	
Summe Wk + Sonderausgaben		1.447,00	: 12 = 120,58
Monatsfreibetrag ab Januar aufgerundet:		121,00	

Fall 7

Werbungskosten bisher	2.400,00	(Monatsfreibetrag: 200,00)
+ zusätzliche Werbungskosten	700,00	
Werbungskosten neu	3.100,00	
– bisher berücksichtigte Monatsfreibeträge (5 × 200)	1.000,00	H 39 a.1 LStH
verbleiben	2.100,00	
Monatsfreibetrag ab Juni	300,00	R 39 a.1 (8) LStR

Fall 8

			Bernd	Martin
Werbungskosten			1.300,00	542,00
– ANP			1.000,00	1.000,00
erhöhte Werbungskosten			300,00	0,00
Sonderausgaben				
Bernd KiSt	330,00			
Martin KiSt	270,00			
	600,00			
– SAP	72,00			
erhöhte Sonderausgaben	528,00	je $\frac{1}{2}$ =	264,00	264,00
außergewöhnliche Belastungen	2.400,00	je $\frac{1}{2}$ =	1.200,00	1.200,00
Jahresfreibetrag			1.764,00	1.464,00
			: 7	: 7
Monatsfreibetrag ab 01.06. aufgerundet:			252,00	210,00

Fall 9

Herr Borchert: LStKl I, KFB 0,5
Frau Borchert: LStKl II, KFB 0,5

Übungen zu 3.13.5

1 a) **Zulässigkeitsprüfung**

	Werbungskosten	1.410,00	
–	ANP	1.000,00	
	erhöhte Wk	410,00	
	KiSt	480,00	
	Spende	300,00	
	Aufwendungen § 33	4.000,00	
		5.190,00	> 600,00 Antrag ist zulässig

b)

	Werbungskosten		1.410,00		
			– 1.000,00		
				410,00	(erhöhte Werbungskosten)
	Sonderausgaben				
	KiSt	480,00			
	Spende	300,00			
		780,00			
–	SAP	36,00		744,00	
	Aufwendungen § 33		4.000,00		
–	zumutbare Belastung		2.100,00	1.900,00	
	Jahresfreibetrag			3.054,00 : 9 = 339,33	
	Monatsfreibetrag ab April			340,00	

2

	Jahresfreibetrag	4.800,00	(Monatsfreibetrag: 400,00)
+	zusätzliche Wk	1.200,00	
		6.000,00	
–	bisher berücksichtigte Monatsfreibeträge (5 × 400)	2.000,00	
	verbleiben	4.000,00 : 7 = 571,43	
	Monatsfreibetrag ab Juni	572,00	

Übungen zu 3.13.5

3

	Werbungkosten	Ehemann	Ehefrau
	Fahrten	2.185,00	600,00
	Arbeitskleidung	140,00	0,00
	Fachliteratur	0,00	86,00
		2.325,00	686,00
–	ANP	1.000,00	1.000,00
	erhöhte Werbungskosten	1.325,00	0,00

	Sonderausgaben		
	KiSt EM	360,00	
	KiSt EF	240,00	
		600,00	
–	SAP	72,00	528,00

	Rente	200,00 × 12 =	2.400,00	
–	WKP, § 9 a Nr. 1 c EStG		102,00	
–	Kostenpauschale, R 33 a.1 (3) S. 5 EStR		180,00	
			2.118,00	
	anrechnungsfrei		624,00	
			1.494,00	
	abzugsfähig:	9.744,00		
–		1.494,00		
		8.250,00	max. gezahlter Betrag	3.600,00
				4.128,00 : 2 = 2.064,00

Freibeträge	EM	EF
erhöhte Wk	1.325,00	0,00
sonstige Aufwendungen	2.064,00	2.064,00
Jahresfreibetrag	3.389,00 : 12	2.064,00 : 12
Monatsfreibetrag (aufgerundet)	283,00	172,00

Fall 10

AG ist verpflichtet, den LSt-Jahresausgleich durchzuführen, da er am 31.12.2021 mindestens 10 Arbeitnehmer*innen beschäftigt.
Für folgende Arbeitnehmer*innen darf er jedoch keinen LSt-Jahresausgleich durchführen:
- 2 AN, die Kurzarbeitergeld bezogen haben;
- 1 AN, für den die LSt nach § 40 a EStG pauschal berechnet wird.

Fall 11

Bruttoarbeitslohn 1.740,00 × 12 =	20.880,00
Jahreslohnsteuer nach Tabelle	1.425,00
einbehaltene LSt	1.650,00
Erstattung	225,00

Übung zu 3.13.6

Bruttoarbeitslohn	14.600,00		
Jahreslohnsteuer nach Tabelle	138,00	KiSt	11,04
einbehaltene LSt	608,30	KiSt	48,65
Erstattung	470,30		37,61

Fall 12

	Preis der Mahlzeit	5,00
	Sachbezugswert 2021	3,47
–	Zahlung des AN	1,50
	geldwerter Vorteil	1,97
	LSt 25 %	0,49

Fall 13

geldwerter Vorteil:		20 × 20 × 0,30 =	120,00
		5 × 20 × 0,35 =	35,00
			155,00
pauschale	LSt	15,0 % =	23,25
	KiSt	7,0 % =	1,62

Die restlichen 25,00 sind nach Maßgabe der vorgelegten ELStAM zu versteuern.

Übungen zu 3.13.7

1

Sachbezugswert	3,47	
Wert der Essenmarke	3,00	
Zahlung AN	2,00	
geldwerter Vorteil	1,47	R 8.1 (7) LStR
pauschale LSt 25 %	0,37	

2 geldwerter Vorteil 20 × 8 × 0,30 = 48,00
pauschale LSt 15 % = 7,20

3 a) Pauschalabgaben im Monat April:

Summe der Arbeitslöhne 590,00			
davon 5 % Rentenversicherung	29,50		
5 % Krankenversicherung	29,50		
2 % Lohnsteuer	11,80		
Summe der Pauschalabgaben	70,80		

b) Minderung der tariflichen ESt:

Kosten für Reinigung	320,00		
+ Pauschalabgaben	38,40		
	358,40	× 12 = 4.300,80, davon 20 % =	860,16
Kosten für Gartenarbeiten	270,00		
+ Pauschalabgaben	32,40		
	302,40	× 4 = 1.209,60, davon 20 % =	241,92
			1.102,08 max. 510,00
Ermäßigung der tariflichen ESt			

Übungen zu 3.13.8

1 Lohnsteuer-Anmeldungszeitraum 2021:
LSt September 2021 240,00 × 12 = 2.880,00 Anmeldungszeitraum = Kalendervierteljahr

Lohnsteuer-Anmeldungszeitraum 2022:

LSt 9/2021	240,00
LSt 10/2021	360,00
LSt 11/2021	320,00
LSt 12/2021	410,00

$$\frac{1.330,00 \times 12}{4} = 3.990,00$$ Anmeldungszeitraum = Kalendervierteljahr

2

	LSt	KiSt
Huber	186,16	0,00
Maier	789,58	53,38
Willig	90,11	0,00
Zorn	67,33	5,38
Gesamtbetrag	1.133,98	58,76

4 Körperschaftsteuer

Fall 1

Die AG ist unbeschränkt kst-pflichtig, weil sie ihren Sitz im Inland hat. Der KSt unterliegen alle in- und ausländischen Einkünfte, soweit sie nicht durch ein DBA oder andere zwischenstaatliche Vereinbarungen von der Besteuerung ausgenommen sind, R 2 (5) KStR/ § 1 (2) KStG.

Fall 2

Eine GmbH & Co. KG, deren alleiniger persönlich haftender Gesellschafter eine GmbH ist, gilt nicht als Kapitalgesellschaft i. S. d. § 1 (1) KStG. Die GmbH & Co. KG ist daher nicht kst-pflichtig, R 2 (1) KStR.

Fall 3

Die AG ist beschränkt kst-pflichtig, da sie weder ihren Sitz noch ihre Geschäftsleitung im Inland hat. Sie erzielt aber inländische Einkünfte aus Gewerbebetrieb i. S. d. § 49 (1) Nr. 2 EStG/§ 2 Nr. 1 KStG.

Fall 4

Die KSt-Pflicht beginnt mit der notariellen Feststellung der Satzung am 20.01.2021, R 1.1 KStR.

Fall 5

Hinsichtlich der Mitgliedsbeiträge und Spenden besteht keine KSt-Pflicht. Sie fallen in den gemeinnützigen Bereich des Vereins (ideeller Bereich). Die **Einnahmen** aus dem Sommerfest, den Anzeigen und der Tombola in Höhe von 46.700,00 (**wirtschaftlicher Geschäftsbetrieb**) unterliegen der Besteuerung, weil sie die **Besteuerungsgrenze** von 35.000,00 übersteigen, § 64 (3) AO.

	Einnahmen	46.700,00
–	Ausgaben	10.600,00
	Einkommen	36.100,00

Fall 6

145.000,00, der Gewinn aus Gewerbebetrieb gilt in dem Kj als bezogen, in dem das Wirtschaftsjahr endet, § 7 (4) KStG.

Fall 7

Die §§ 9 a Satz 1 Nr. 1 a+b, 10, 12, 19, 32, 33, 33 a, 33 b finden beispielsweise bei der KSt keine Anwendung, weil sie nur natürliche Personen betreffen.

Übungen zu 4.6.2

1

	Gewinn laut Handelsbilanz	280.000,00
+	KSt-Vorauszahlungen	30.000,00
+	Solidaritätszuschlag	1.650,00
+	KSt-Rückstellung	10.000,00
+	nachträgliche Gehaltserhöhung (vGA)	24.000,00
+	Spenden	15.000,00
		360.650,00
–	KSt-Erstattung	18.000,00
–	Solidaritätszuschlag	990,00
–	Investitionszulage	84.000,00
	Einkommen	257.660,00
–	abzugsfähige Spenden 20 % v. 257.660,00 max.	15.000,00
	zu versteuerndes Einkommen	242.660,00

2

	Gewinn laut Handelsbilanz	460.000,00
+	KSt-Vorauszahlungen	160.000,00
+	Solidaritätszuschlag	8.800,00
+	KSt-Rückstellung	8.000,00
+	1/2 AR-Vergütung	20.000,00
+	Spenden	25.000,00
	Einkommen	681.800,00
–	Spenden für wiss. Zwecke 20 % v. 681.800,00 max.	20.000,00
	zu versteuerndes Einkommen	661.800,00

Aufwendungen zur Förderungen staatspolitischer Zwecke (Parteispenden) sind keine Betriebsausgaben, § 4 (6) EStG.

Fall 8

Methode 1

	Einkommen nach Abzug der Spenden		300.000,00
+	tatsächlich geleistete Spenden		25.000,00
	Einkommen i. S. d. § 9 (2) KStG		325.000,00
	Spenden für wiss. Zwecke	20.000,00	
	Spenden für kirchl. Zwecke	5.000,00	
		25.000,00	
	abzugsf. 20 % von 325.000,00 =	65.000,00	max. 25.000,00
	Einkommen		300.000,00

Methode 2

Spenden für wissenschaftliche Zwecke		20.000,00
Spenden für kirchliche Zwecke		5.000,00
berücksichtigungsfähige Spenden		25.000,00
abzugsfähig 4 ‰ v. 9.300.000,00 =	37.200,00	max. 25.000,00

Übungen zu 4.6.3

1	Einkommen nach Abzug der Spenden		320.000,00
+	tatsächlich geleistete Spenden		38.000,00
	Einkommen i. S. d. § 9 (2) KStG		358.000,00
	Spenden für wissenschaftl. Zwecke	20.000,00	
	Spenden für kulturelle Zwecke	10.000,00	
	Spenden für kirchliche Zwecke	8.000,00	
		38.000,00	
	abzugsf. 20 % v. 358.000,00 max.	38.000,00	

2	Einkommen i. S. d. § 9 (2) KStG		430.000,00	
	Spenden für wissenschaftl. Zwecke	25.000,00		
	Spenden für mildtätige Zwecke	9.000,00		**Methode 1**
	Spenden für kirchliche Zwecke	6.000,00		**abzugsfähig 40.000,00**
		40.000,00		
	abzugsf. 20 % v. 430.000,00 max.	40.000,00		

Spenden an politische Parteien sind nicht abzugsfähig, § 4 (6) EStG.

Methode 2

berücksichtigungsfähige Spenden	40.000,00
abzugsfähig 4 ‰ v. 18.000.000,00 max.	40.000,00

Übungen zu 4.6.4

1 **Nicht abziehbar** sind folgende Aufwendungen:

b); d); e)

f) 30 % von 2.400,00 = **720,00**

g) 100 % = **1.000,00** + 19 % = **190,00**, 1.190,00

h) 2.000,00

i) **6.000,00** + 19 % = **1.140,00**, 7.140,00

j) **GewSt-Vz**

k) **SZ zur GewSt**

l) 50 % von 40.000,00 = **20.000,00**

m)

n)

o)

2	Gewinn lt. Handelsbilanz	458.000,00
+	KSt-Vorauszahlungen	160.000,00
+	Solidaritätszuschlag	8.800,00
+	GewSt-Rückstellung	22.000,00
+	Aufwendungen für Gästehaus, § 4 (5) Nr. 3 EStG	40.000,00
+	nicht abziehbare VSt, § 10 Nr. 2 KStG	7.600,00
	Einkommen	696.400,00

3

	Bilanzgewinn	970.000,00
+	KSt-Vorauszahlungen	280.000,00
+	Solidaritätszuschlag	15.400,00
+	1/2 AR-Vergütungen	30.000,00
+	Aufwendungen Gästehaus	43.000,00
+	nicht abziehbare VSt	8.170,00
		1.346.570,00
–	KSt-Erstattung	36.550,00
–	Investitionszulage	45.000,00
	Einkommen	1.265.020,00

Fall 10

Die Gehaltsnachzahlung verstößt gegen das Rückwirkungsverbot. Es liegt eine verdeckte Gewinnausschüttung (vGA) vor, H 36 KStH.

Übung zu 4.6.5 und 4.6.6

1

vGA	vE
a)	
b)	
c)	
	d)
e)	
f)	
g)	
	h)

2 Die verbilligte Warenlieferung stellt eine vGA dar.
Sie ist mit dem gemeinen Wert von 2.380,00 bei der Ermittlung des zu versteuernden Einkommens hinzu zu rechnen. Die zusätzlich geschuldete USt stellt jedoch eine Betriebsschuld dar, die zu passivieren ist.
Nach § 10 Nr. 2 KStG darf die USt auf verdeckte Gewinnausschüttungen bei der Ermittlung des Einkommens nicht abgezogen werden.

Fall 11

a) 36.000,00
b) 0,00

Fall 12

	Betriebseinnahmen	52.000,00
–	Betriebsausgaben	24.250,00
	Einkommen (Gewinn)	27.750,00
–	Freibetrag § 24 KStG	5.000,00
	zu versteuerndes Ek	22.750,00
	KSt 15 %	3.412,50
	§ 31 (1) S. 2 KStG	~ 3.412,00
	SolZ 5,5 %	187,66

Übungen zu 4.7 und 4.8

1

	Gewinn lt. Handelsbilanz	1.200.000,00
+	KSt-Vorauszahlungen	280.000,00
+	Solidaritätszuschlag	15.400,00
+	GewSt-Vz	200.000,00
+	GewSt-Rückstellung	11.000,00
+	1/2 AR-Vergütung	120.000,00
	zu versteuerndes Einkommen	1.826.400,00
	KSt 15 %	273.960,00
	SolZ 5,5 %	15.067,80

2

	Gewinn lt. Handelsbilanz	240.000,00	
+	Spende an politische Parteien	10.000,00	
–	Investitionszulage	80.000,00	
	zu versteuerndes Einkommen	170.000,00	a)
	KSt 15 %	25.500,00	b)
	SolZ 5,5 %	1.402,50	

3 Die Mitgliedsbeiträge unterliegen nicht der KSt.

Es besteht keine KSt-Pflicht, weil die Einnahmen aus dem wirtschaftlichen Geschäftsbetrieb die Besteuerungsgrenze von 45.000,00 € nicht übersteigen.

4

	Betriebseinnahmen	48.200,00
–	Betriebsausgaben	18.525,00
	Einkommen (Gewinn)	29.675,00
–	Freibetrag § 24 KStG	5.000,00
	zu versteuerndes Ek	24.675,00
	KSt 15 %	~ 3.701,00
	SolZ 5,5 %	203,56

Übung zu 4.9

1 a)

	Gewinn vor KSt	240.000,00
–	KSt 15 %	36.000,00
–	SolZ 5,5 %	1.980,00
	ausschüttungsfähiger Gewinn	202.020,00

b)

	Aubele	Bertram
Bardividende	101.010,00	101.010,00
Abgeltungsteuer 25 %	25.252,50	25.252,50
Solidaritätszuschlag 5,5 %	1.388,89	1.388,89
Nettodividende	74.368,61	74.368,61

c) Mit dem Steuerabzug ist die Einkommensteuer der Gesellschafter abgegolten, d. h. die Gesellschafter müssen die Kapitaleinkünfte nicht mehr in ihrer Einkommensteuererklärung angeben.

Gesellschafter, die zu mindestens 25 % an einer Kapitalgesellschaft beteiligt sind, oder die zu mindestens 1 % beteiligt und beruflich für diese Kapitalgesellschaft tätig sind, können beantragen, dass die Kapitaleinkünfte mit dem tariflichen Einkommensteuersatz besteuert werden.

Übung zu 4.10

Der Dividendenertrag von 200.000,00 € ist bei der GmbH außerbilanziell bei der Ermittlung des Einkommens zu kürzen, § 8 b (5) Satz 1 KStG. Die als Aufwand gebuchten Abzugsteuern sind nach § 10 Nr. 2 KStG hinzuzurechnen. Nach § 8 b (5) Satz 1 KStG gelten 5% der Dividende als nicht abziehbare Ausgaben. Dies wird durch eine außerbilanzielle Korrektur um + 10.000,00 € berücksichtigt.

Beispiel:

	Handelsbilanzgewinn einschließlich 200.000,00 Dividendenertrag und der als Aufwand gebuchten Abzugsteuern	1.200.000,00
–	Dividendenfreistellung § 8 b (1) KStG	200.000,00
+	Nicht abziehbare Kapitalertragsteuer und Solidaritätszuschlag	52.750,00
+	5% nicht abziehbare Ausgabe § 8 b (5) KStG	10.000,00
	steuerlicher Gewinn	1.062.750,00

Übung zu 4.11

1 a) KSt-Belastung bei der GmbH

Verdeckte Gewinnausschüttung	
Tantieme	50.000,00
überhöhte Zinsen	7.200,00
	57.200,00
15 % KSt	8.580,00
5,5 % SolZ	471,90

b) Einkommensteuerbelastung des Gesellschafters[1]

Einnahmen aus Kapitalvermögen	57.200,00
25 % Abgeltungsteuer	14.350,00
5,5 % Solidaritätszuschlag	789,25

c) Gesamtsteuerbelastung:

	9.051,90
	15.139,25
	24.191,25

[1] Hinweis: Die Kapitalerträge können auf Antrag mit dem tariflichen Einkommensteuersatz besteuert werden, wenn ein Gesellschafter mit
- mindestens 25 % an der Kapitalgesellschaft beteiligt ist oder
- mindestens mit 1 % beteiligt und beruflich für die Kapitalgesellschaft tätig ist.

Bei einem persönlichen Steuersatz von 42,2 % ist dies jedoch nicht angebracht.

Aufgaben zur Wiederholung und Vertiefung

1 Berechnung des zu versteuernden Einkommens und der Tarifbelastung

	Jahresüberschuss	210.000,00
+	KSt-Vorauszahlungen	32.000,00
+	KSt-Rückstellung	10.000,00
+	GewSt-Vz	48.000,00
+	Spenden	30.000,00
+	verdeckte Gewinnausschüttungen	
	rückwirkende Gehaltserhöhung	21.000,00
	überhöhte Miete für Grundstück	12.000,00
+	unangemessene Bewirtungsaufwendungen	500,00
+	nicht abziehbare Vorsteuer, § 10 Nr. 2 KStG	95,00
+	30 % der angemessenen Bewirtungsaufwendungen	750,00
		364.345,00
–	Investitionszulage, steuerfrei	50.000,00
	Einkommen	314.345,00
–	Spenden für wiss. Zwecke	
	20 % v. 314.345,00 max. gezahlt	20.000,00
	zu versteuerndes Einkommen	294.345,00
	KSt 15 % = abgerundet	44.151,00
	SolZ 5,5 % =	2.428,31

2

		Walter 60 %	Weber 40 %
	Bardividende	72.000,00	48.000,00
–	25 % Abgeltungsteuer	18.000,00	12.000,00
–	5,5 % Solidaritätszuschlag	990,00	660,00

Mit dem Steuerabzug ist die Einkommensteuer der Gesellschafter abgegolten, d. h., sie müssen diese Kapitaleinkünfte nicht mehr in ihrer Einkommensteuererklärung angeben.

3 a) Berechnung des zu versteuernden Einkommens

	vorläufiger Jahresüberschuss		642.000,00
–	steuerfreie Investitionszulage		50.000,00
			592.000,00
+	KSt-Vorauszahlungen		210.000,00
+	Zinsen (§ 3 c EStG, § 8 (1) KStG)		2.500,00
+	Spenden		10.000,00
+	$\frac{1}{2}$ Beiratsvergütung		30.000,00
	Einkommen		844.500,00
–	Spenden 20 % v. 844.500,00	max.	10.000,00
	zu versteuerndes Einkommen		834.500,00

b) KSt 15 % 125.175,00
SolZ 5,5 % 6.884,63

4 Berechnung des zu versteuernden Einkommens und der Tarifbelastung.

	Jahresüberschuss lt. Handelsbilanz		480.000,00
+	KSt-Vorauszahlungen incl. SolZu		88.620,00
+	KSt-Rückstellung		12.000,00
+	GewSt-Vorauszahlungen		16.000,00
+	GewSt-Rückstellung		4.000,00
+	Geschenke > 35€ zzgl. VSt		4.165,00
+	Bewirtungskosten 30%		1.800,00
+	½ Beiratsvergütung		25.000,00
+	als Aufwand gebuchte Spenden		37.000,00
+	nicht abziehbare USt auf Sachspende		2.280,00
+	Kapitalertragsteuer 25 % von 40.000,00		10.000,00
+	Solidaritätszuschlag 5,5% von 10.000,00		550,00
			681.415,00
–	steuerfreie Investitionszulage		30.000,00
–	steuerfreie Dividende		40.000,00
+	5% nicht abziehbare Betriebsausgabe, § 8 b (1 + 5) KStG		2.000,00
	Einkommen i.S.d. § 9 (2) KStG		613.415,00
	Spenden für mildtätige Zwecke	20.000,00	
	Sachspende für gemeinnützige Zwecke incl. USt	14.280,00	
		34.280,00	
	Parteispenden sind keine BA § 8 (1) KStG i.V.m. § 4 (6) EStG		
	Abziehbar 20% von 613.415,00 max.		34.280,00
	zu versteuerndes Einkommen		579.135,00
	KSt 15 %		~86.870,00
	SolZ 5,5 %		4.777,85

5 Gewerbesteuer

Übungen zu 5.1.3

1 a) Finanzamt
b) Steueramt der Gemeinde/Stadt
c) Finanzamt
d) Steueramt der Gemeinde/Stadt
e) Steueramt der Gemeinde/Stadt
f) Finanzamt
g) Steueramt der Gemeinde/Stadt
h) Finanzamt
i) Steueramt der Gemeinde/Stadt

2 a) Einspruch gegen den GewSt-Messbescheid beim Betriebsfinanzamt
b) Antrag auf Aussetzung der Vollziehung beim städtischen Steueramt

Übungen zu 5.1.4

1

	Gewinn aus Gewerbebetrieb		140.000,00
+	Hinzurechnungen		30.000,00
	Gewinn + Hinzurechnungen		170.000,00
–	Kürzungen		20.000,00
	Gewerbeertrag		150.000,00
×	Steuermesszahl 3,5 %		
=	Steuermessbetrag		5.250,00
×	Hebesatz 450 %		
=	Gewerbesteuerschuld		23.625,00

2

	Gewinn aus Gewerbebetrieb		86.000,00	
+	Hinzurechnungen		12.000,00	
	Gewinn + Hinzurechnungen		98.000,00	
–	Kürzungen		8.000,00	
	Gewerbeertrag		90.000,00	
–	Freibetrag		24.500,00	
	verbleiben		65.500,00	
×	3,5 %	=	2.292,50	(Steuermessbetrag)
×	Hebesatz 380 %	=	8.711,50	(Gewerbesteuerschuld)

Übungen zu 5.2.2

1 a) Einheitlicher Gewerbebetrieb; die Filialen gehören nach der Verkehrsauffassung zusammen.
b) einheitlicher Gewerbebetrieb; enger wirtschaftlicher, finanzieller und organisatorischer Zusammenhang zwischen den Betrieben
c) Einheitlicher Gewerbebetrieb; die Tätigkeit von Kapitalgesellschaften gilt stets und in vollem Umfang als einheitlicher Gewerbebetrieb.

2 a) kein Gewerbebetrieb; selbstständige Berufstätigkeit auch als GbR, H 15.6 EStH
b) Kein Gewerbebetrieb; selbst entworfene Gegenstände werden hergestellt, H 15.6 EStH.
c) Gewerbebetrieb; Inhaber übt keine eingenverantwortliche Unterrichtstätigkeit aus.
d) Gewerbebetrieb; nur Beschaffung von Aufträgen, H 15.6 EStH
e) Gewerbebetrieb; unterrichtende Tätigkeit von untergeordneter Bedeutung, H 15.6 EStH

Übungen zu 5.2.2.2

Nr.	Gewerbebetrieb		Gewerbebetrieb kraft		wirtschaftlicher Geschäfts- betrieb
	stehender	Reise- gewerbe	gewerbl. Tätigkeit	Rechtsform	
1	✘				✘
2	✘			✘	
3	kein		Gewerbebetrieb		
4	✘		✘		
5	✘		✘		
6	✘		✘		
7		✘	✘		
8	✘				✘
9	✘			✘	
10	✘		✘		
11	kein		Gewerbebetrieb		
12	✘		✘		

Übungen zu 5.2.3

1 Die GewSt-Pflicht beginnt bei Kapitalgesellschaften bereits mit einer nach außen in Erscheinung tretenden Geschäftstätigkeit, also mit der Anmietung der Geschäftsräume am 15.02.2021.

2 a) Die GewSt-Pflicht endet mit Abschluss des Räumungsverkaufs am 20.08.2021.

b) Die GewSt-Pflicht beginnt am 01.10.2021 mit Aufnahme der „werbenden Tätigkeit".

Fall 1

Mit Ablauf des 30.09.2021 geht die Steuerpflicht von der OHG auf den Einzelunternehmer Berthold über. Ab 01.10.2021 beginnt die persönliche Steuerpflicht des Einzelunternehmers Berthold.

Fall 2

Der Verein ist mit seinem wirtschaftlichen Geschäftsbetrieb „Gaststätte" gewerbesteuerpflichtig. Gewinnerzielungsabsicht ist nicht erforderlich. Die Besteuerungsgrenze, § 64 (3) AO, von 35.000,00 ist überschritten.

Übungen zu 5.4

1 Kantine = wirtschaftlicher Geschäftsbetrieb, gewerbesteuerpflichtig; Schulbetrieb nicht gewerbesteuerpflichtig
2 nicht gewerbesteuerpflichtig, § 3 Nr. 20 a
3 nicht gewerbesteuerpflichtig, § 3 Nr. 13
4 nicht gewerbesteuerpflichtig, § 3 Nr. 1
5 nicht gewerbesteuerpflichtig, weniger als sieben Mitarbeiter, § 3 Nr. 7
6 gewerbesteuerpflichtig
7 gewerbesteuerpflichtig
8 gewerbesteuerpflichtig

Fall 3

Zum Gewinn aus Gewerbebetrieb gehören nicht:
- Veräußerungsgewinn der Filiale, R 7.1 (3) GewStR
- Gewinn aus der Veräußerung der OHG-Beteiligung, R 7.1 (3) GewStR
  Ausgangswert: 130.000,00

Fall 4

Entgelte für Schulden:

– Damnum, zeitanteilig	$\frac{20.000 \times 10}{60}$	=	3.333,33	
– Darlehenszinsen	$\frac{400.000 \times 2{,}5 \times 10}{100 \times 12}$	=	8.333,33	
Zinsen Darlehen alt		=	2.250,00	
Kontokorrentzinsen		=	12.350,00	[1]
Summe		=	26.266,66	< 200.000,00 (Freibetrag) keine Hinzurechnung!

Fall 5

Pachtzahlungen für bewegliche WG des AV:	20 % von 840.000,00 =	168.000,00
Pachtzahlungen für unbewegliche WG des AV:	50 % von 360.000,00 =	180.000,00
Summe		348.000,00
– Freibetrag		200.000,00
		148.000,00
davon 25 % = Hinzurechnung		37.000,00

[1] 2020/21 Erhöhung auf 200.000 €; Corona-Steuerhilfegesetz

Übungen zu 5.5.2

1

Damnum	$\frac{3.600 \times 6}{48}$	=	450,00	
Zinsen	$\frac{180.000 \times 3 \times 6}{100 \times 12}$	=	2.700,00	
Summe			3.150,00	sind nach § 8 Nr. 1 a anzusetzen

2

Leasingraten für Maschinen und Fahrzeuge 240.000,00 × 20 %	=	48.000,00
Leasingraten für Gebäude 600.000,00 × 50%	=	300.000,00
Summe		348.000,00
– Freibetrag		200.000,00
Hinzurechnung		148.000,00

davon 25 % = Hinzurechnung 37.000,00

3

Entgelte für Schulden	340.000,00	
– Freibetrag	200.000,00	
	140.000,00	× 25 % = 35.000,00 Hinzurechnung

Vertriebslizenzen sind von der Hinzurechnung ausgenommen.

4

Entgelte für Schulden	=	47.000,00
+ Leasingraten für Maschinen u. Fahrzeuge 20% von 96.000,00	=	19.200,00
+ Pachtzinsen für Fabrikhalle und Lagerplatz 50% von 54.000,00	=	27.000,00
+ Lizenzgebühren 25 % von 120.000,00	=	30.000,00
Summe		123.200,00
– Freibetrag		200.000,00
davon 25 % = Hinzurechnung 0,00		0,00

5

a) **Keine Hinzurechnung**; Baumann ist **atypischer stiller Gesellschafter** = Mitunternehmer.

b) **Hinzurechnung**; Kraut ist **typischer stiller Gesellschafter,** eine Hinzurechnung erfolgt auch, wenn sich die **Beteiligung** in seinem **Betriebsvermögen** befindet und er damit Einkünfte aus Gewerbebetrieb erzielt

c) **Hinzurechnung**; der Angestellte ist **typischer stiller Gesellschafter**

6

Miet und Pachtzinsen für bewegliche WG des AV 20 % von 12.000,00	=	2.400,00
+ Elektrofahrzeuge 10 % von 48.000,00	=	4.800,00
unbewegliche WG des AV 50 % von 186.720,00	=	93.360,00
Summe		100.560,00
– Freibetrag		200.000,00
davon 25 % = Hinzurechnung 0,00		0,00

7

laufende Zahlungen (Aufwand)	24.000,00	
– Verminderung Passivposten (Ertrag)	4.000,00	
Keine Hinzurechnung	20.000,00	< 200.000,00

8 Pacht für

bewegliche WG des AV 20 % von 156.000,00	=	31.200,00
unbewegliche WG des AV 50 % von 84.000,00	=	42.000,00
Summe		73.200,00
– Freibetrag		200.000,00
Hinzurechnung		0,00

9 Hinzurechnung nach § 8 Nr. 9

Spenden an DRK	15.000,00
Spende an Uni Saarbrücken	10.000,00
Spende an CARITAS	8.000,00
	33.000,00

Die Spende an politische Parteien ist nicht abziehbar. Sie darf das Einkommen der AG nicht mindern, § 4 (6) EStG. Eine Hinzurechnung dieser Spende ist nicht vorzunehmen.

10 Die Spenden dürfen den Gewinn aus Gewerbebetrieb nicht mindern. Sie stellen beim Einzelunternehmer Sonderausgaben dar, R 12.5 EStR. Der ausgewiesene Gewinn von 140.000,00 ist um 10.000,00 zu erhöhen. Hinzurechnungen nach § 8 ergeben sich nicht.

11 Hinzurechnung nach § 8 Nr. 5 GewStG 2.000,00

12 keine Hinzurechnung, da die Beteiligung ≧ 15 %

Fall 6

Kürzungen nach § 9 Nr. 1
Geschäftsgrundstück:
EW 61.355,00 × 80 % × 1,4 × 1,2 % = 824,61
unbebautes Grundstück:
EW 20.451,00 × 1,4 × 1,2 % = 343,58, weil am 01.01 noch BV

Übungen zu 5.5.3

1 Kürzung: EW 6.136,00 × 50 % × 250 % × 1,2 % = 92,04

2 Kürzung: EW 71.580,00 × 40 % × 1,4 × 1,2 % = 481,02

3 Kürzung: EW 32.723,00 × 20 % × 1,4 × 1,2 % = 109,95

4 Kürzung 2019: Keine, Grundstück gehörte zu Beginn des EZ noch nicht zum BV.
Kürzung 2020: EW 54.196,00 × 1,4 × 1,2 % = 910,49
(Grundstück im Zustand der Bebauung)
Kürzung 2021: EW 75.671,00 × 1,4 × 1,2 % = 1.271,27

Fall 7

Gewinn + **Hinzurechnungen nach § 8 Nr. 9** (Kapitalgesellschaft) 180.000,00

Kürzungen nach § 9 Nr. 5

Spenden für wissenschaftliche Zwecke	10.000,00	
+ Spenden für kirchliche Zwecke	5.000,00	
	15.000,00	
abzugsfähig 20 % v. 180.000,00 max.	15.000,00	(= gezahlter Betrag, Kürzungsbetrag)

Übungen zu 5.5.2 und 5.5.3

1 Gewinn aus Gewerbebetrieb 126.000,00

Kürzung nach § 9 Nr. 5

	Spenden für wissenschaftliche Zwecke	5.000,00	
+	Spenden für mildtätige Zwecke	4.800,00	
+	Spenden für kirchliche Zwecke	3.200,00	
	abzugsfähig 20% v. 126.000,00, max.	13.000,00	abzugsfähige Spenden (= Kürzungsbetrag)

Spenden für politische Parteien sind nicht abzugsfähig.

2 BMG für Spendenabzug 280.000,00

Kürzung nach § 9 Nr. 5

	Spenden für wissenschaftliche Zwecke	20.000,00
+	Spenden für mildtätige Zwecke	5.000,00
+	Spenden für religiöse Zwecke	5.000,00
		30.000,00
	abzugsfähig 20% v. 280.000,00, max.	30.000,00
	abzugsfähige Spenden nach **Methode 1**	30.000,00

Methode 2

berücksichtigungsfähige Spenden insgesamt	30.000,00
abzugsfähig 4‰ v. 14.420.000,00 = 57.680,00	max. 30.000,00

3 **Kürzung nach § 9 Nr. 2 a**
Kürzungsbetrag 60% von 10.500,00 = 6.300,00

4 Bei einer Beteiligung von 8% ist eine Hinzurechnung des steuerfrei bleibenden Gewinnanteils von 114.000 € vorzunehmen.

Bei einer Beteiligung von 15 % ist keine Kürzung erforderlich, weil der Betrag von 114.000,00 € nicht im steuerlichen Gewinn enthalten ist.

Der nach § 8 b (5) KStG nicht als Betriebsausgabe abziehbare Teil der Dividende gilt nicht als Gewinn aus Anteilen an inländischen steuerpflichtigen Kapitalgesellschaften und ist daher nicht zu kürzen, obwohl er im Gewinn enthalten ist, § 9 Nr. 2 a Satz 4.

5

Gewinn aus Gewerbebetrieb	268.000,00	
+ Hinzurechnungen § 8		
Entgelte für Schulden		
< Hypothekenzinsen	24.800,00	
< Kontokorrentzinsen	12.480,00	
Gewinnanteil typ. stiller Gesellschafter	3.000,00	
Leasingraten für Elektrofahrzeuge 10 % v. 96.000,00 =	9.600,00	
Summe	49.880,00	
– Freibetrag	200.000,00	
Hinzurechnung	0,00	
Verlustanteil OHG		20.000,00
Gewinn + Hinzurechnungen		288.000,00
– Kürzungen § 9		
Betriebsgrundstück 96.000,00 × 1,4 × 1,2 %		1.612,80
Spende CARITAS, abzugsfähig 20% von 168.000,00	max.	5.000,00
Gewerbeertrag		281.387,20
abgerundet		281.300,00

6

Gewinn aus Gewerbebetrieb			108.000,00
Korrektur Spenden keine BA			9.000,00
Gewinn			117.000,00
+ Hinzurechnungen § 8			
Entgelte für Schulden			
< Damnum	120,00		
< Hypothekenzinsen	900,00		
< Kontokorrentzinsen	8.460,00		
Gewinnanteil typ. stiller Gesellschafter	15.000,00		
Leasingraten für DVA 20% von 10.800,00 =	2.160,00		
Summe	26.640,00		
– Freibetrag	200.000,00		
Hinzurechnung	0,00		
Verlustanteil OHG		27.000,00	
Gewinn + Hinzurechnungen		144.000,00	
– Kürzungen § 9			
Betriebsgrundstück alt EW 70.000,00 × 85% × 1,4 × 1,2% =		999,60	
Betriebsgrundstück neu, keine Kürzung, gehörte am 01.01.2021 noch nicht zum BV		0,00	
Spenden für wissenschaftliche Zwecke	5.000,00		
Spende für kulturelle Zwecke	4.000,00		
	9.000,00		
abzugsfähig 20% v. 117.000,00 max.		9.000,00	
Gewerbeertrag		134.000,40	
abgerundet auf volle 100,00		134.000,00	

Damnum
$$\frac{4.800 \times 3}{120} = 120{,}00$$

Zinsen
$$\frac{120.000 \times 3 \times 3}{100 \times 12} = 900{,}00$$

7

handelsrechtlicher Gewinn aus Gewerbebetrieb			260.000,00
Gewinnkorrekturen			
– Gewinn aus Verkauf Teilbetrieb			60.000,00
+ als BA gebuchte Spenden			15.000,00
+ überhöhte Miete an Ehefrau des Gesellschafters 6 × 1.000,00			6.000,00
+ Tätigkeitsvergütung Komplementär Reutlinger			84.000,00
Ausgangswert			305.000,00
+ Hinzurechnungen § 8			
< Damnum	$\frac{8.936 \times 9}{120}$ =	670,20	
< Zinsen	$\frac{148.936 \times 2 \times 9}{100 \times 12}$ =	2.234,04	
Kontokorrentzinsen		29.680,00	
Gewinnanteil typischer stiller Gesellschafter		6.000,00	
Miete/Pacht für			
< bewegliche WG des AV 20 % von 235.100,00 (Einrichtung: 224.000,00; DVA: 10.500,00; Traktor: 600,00)	=	47.020,00	
< unbewegliche WG des AV 50 % von 62.000,00 (Maschinenhalle: 56.000,00; Büro: 6.000,00)	=	31.000,00	
Summe		116.604,24	
– Freibetrag		200.000,00	
davon 25 % = Hinzurechnung		0,00	0,00
Gewinn + Hinzurechnungen			305.000,00
Kürzungen § 9			
Ausstellungshalle 24.000 × 1,4 × 1,2%			403,20
unbebautes Grundstück wird nicht berücksichtigt, da es am 01.01. noch nicht zum BV gehört hat (= Stichtagsprinzip)			0,00
Geschäftsgrundstück wird nur zu 90% berücksichtigt 62.000,00 × 90% × 1,4 × 1,2%			937,44
Gewinnanteil an der OHG 188.000 × 15 %			28.200,00
Gewinnanteil GmbH			6.000,00
Spenden für wissenschaftliche Zwecke	10.000,00		
Spenden für mildtätige Zwecke	5.000,00		
abzugsfähig 20 % von 305.000,00, max.	15.000,00		15.000,00
Gewerbeertrag			254.459,36
abgerundet			254.400,00

Fall 8

a) Für den EZ 2021 wird kein Gewerbeertrag festgestellt. Der Gewerbeertrag für das Wj 01.10.2021–30.09.2022 gilt als im EZ 2022 bezogen, da hier das Wj endet, § 10 (2).

b) Der Gewinn des Rumpfwirtschaftsjahrs 01.10.2021–31.12.2021 wäre im EZ 2021 bezogen.

Übungen zu 5.5.4

1 Gewerbeertrag im EZ 2021:

Gewinn Wj	01.04.2020–31.03.2021	126.000,00
Gewinn RWj	01.04.2021–31.12.2021	84.000,00
Gewerbeertrag		210.000,00

2 Gewerbeertrag im EZ 2020:

Gewinn RWj	02.03.2020–31.12.2020	56.000,00

Gewerbeertrag im EZ 2021:

Gewinn RWj	01.01.2021–31.03.2021	28.000,00

Gewerbeertrag im EZ 2022:

Gewinn	01.04.2021–31.03.2022	112.000,00

Fall 9

	Gewinn aus Gewerbebetrieb	40.000,00
+	Hinzurechnungen § 8	4.000,00
	Gewinn + Hinzurechnungen	44.000,00
–	Kürzungen § 9	50.000,00
	Gewerbeverlust	**6.000,00**

Übungen zu 5.5.5

1 a)

	Gewinn aus Gewerbebetrieb	22.400,00	
+	Hinzurechnungen § 8	4.600,00	
	Gewinn + Hinzurechnungen	27.000,00	
–	Kürzungen § 9	40.000,00	
	Gewerbeverlust 2021	**13.000,00**	

b)

	maßgebender Gewerbeertrag 2022	30.000,00	
–	Gewerbeverlust 2021	13.000,00	**(Fehlbetrag)**
	verbleibender Gewerbeertrag 2022	17.000,00	

2

			2021	2022	
	maßgebender Gewerbeertrag		1.100.000,00	960.000,00	
–	Gewerbeverlust 2020	1.080.000,00		20.000,00	Vortrag
	Verrechnet 2021 =	max.	1.000.000,00		
	Rest		100.000,00		
–	60 % von 100.000,00	60.000,00	60.000,00		
	Gewerbeertrag 2021		40.000,00		

Gewerbeverlust 2020 1.080.000,00 verrechnet in 2021 1.060.000,00
Vortrag für 2022 20.000,00

Übungen zu 5.6

1

	Gewerbeertrag AG	184.970,00	
	abgerundet	184.900,00	
	× 3,5 % =	6.471,50	(Steuermessbetrag)

2

	Gewerbeertrag EU	76.400,00	
–	Freibetrag	24.500,00	
	verbleiben	51.900,00	× 3,5 % = 1.816,50 (= Steuermessbetrag)

3

	Gewinn aus Gewerbebetrieb			35.780,00
+	**Hinzurechnungen § 8 Nr.**			
	1 a)	Zinsen	160.960,00	
	d) Leasingraten	20% von 48.000 =	9.600,00	
	e) Pacht	50% von 60.000 =	30.000,00	
			200.560,00	
–	Freibetrag		200.000,00	
			560,00	× 25 % = 140,00
	8) Verlustanteil KG			50.000,00
	9) steuerbegünstigte Spenden			40.000,00
	Gewinn + Hinzurechnungen			125.920,00
–	**Kürzungen § 9 Nr.**			
	1) EW Betriebsgrundstück 74.000 × 1,4 × 1,2 %			1.234,20
	5) Spenden 40.000,00 abzugsfähig 20% von 75.780,00			15.156,00
	Gewerbeertrag, abgerundet			109.500,00
	× 3,5 %			3.832,50 (= Steuermessbetrag)

Fall 10

	Gewerbsteuerschuld 10.000 × 450 % =	45.000,00
–	Vorauszahlungen	42.000,00
	Abschlusszahlung	3.000,00

Fall 11

	Gewerbesteuerschuld für EZ 2021 (Wj 01.04.2020–31.03.2021)		28.000,00
–	Vorauszahlungen	15.05.2020	6.000,00
		15.08.2020	6.000,00
		15.11.2020	6.000,00
		15.02.2021	7.500,00
	Abschlusszahlung		2.500,00

Übungen zu 5.7.4/5.7.5

1		Gewerbesteuerschuld 7.200,00 × 420 %	= 30.240,00
		– Vorauszahlungen	27.200,00
		Abschlusszahlung	3.040,00
2	a)	Gewerbeertrag 294.800 × 3,5 % × 480 %	= 49.526,40
		– Vorauszahlungen 3 × 9.000,00	= 27.000,00
		Nachzahlung	22.526,40
	b)	sofort zu entrichten rückständige VZ	9.000,00
	c)	Abschlusszahlung fällig am 27.10.2021 = Mittwoch (Bekanntgabe, Montag, 27.09.2021)	13.526,40

3	Gewinn aus Gewerbebetrieb	74.660,00
	+ Hinzurechnung	4.300,00
	– Kürzung Betriebsgrundstück 14.000,00 × 400 % × 1,2 %	672,00
	Gewerbeertrag	78.288,00
	– Freibetrag	24.500,00
	verbleiben	53.788,00
	abgerundet	53.700,00
	× 3,5	1.879,50
	× 4,0	7.518,00

a) 1.879,50 × 360% = 6.766,20 (Gewerbesteuerschuld)
Steuerermäßigung 1.879,50 × 4,0 = 7.518,00 max. 6.766,20

b) 1.879,50 × 400% = 7.518,00 (Gewerbesteuerschuld)
Steuerermäßigung 1.879,50 × 4,0 = 7.518,00

Fall 12

Gemeinde	Arbeitslöhne	Zerlegungsanteil		Hebesatz	Gewerbesteuer
A	108.000	$\frac{108.000 \times 100}{540.000}$	= 20 % v. 20.000 =	4.000 × 360 % =	14.400,00
B	189.000	$\frac{189.000 \times 100}{540.000}$	= 35 % v. 20.000 =	7.000 × 420 % =	29.400,00
C	$\frac{243.000}{540.000}$	$\frac{243.000 \times 100}{540.000}$	= $\frac{45\,\%}{100\,\%}$ v. 20.000 =	$\frac{9.000}{20.000}$ × 450 % =	40.500,00

Übungen zu 5.8.2

1 Berechnung der Arbeitslöhne

	Berlin	624.400,00
–	Ausbildungsvergütung	14.400,00
	Rostock	212.000,00
–	Ausbildungsvergütung	6.000,00
+	Unternehmerlohn	25.000,00
	Summe der Arbeitslöhne	841.000,00

Aufteilung des Unternehmerlohns

insgesamt:		25.000,00	= 100 %
Berlin	H. G	12.500,00	= 50 %
	F. Sch.	5.000,00	= 20 %
Rostock	F. Sch.	7.500,00	= 30 %

Zerlegungsanteile

Berlin $\frac{627.500,00 \times 100}{841.000,00}$ = 74,61 % von 12.000,00 = 8.953,20

Rostock $\frac{213.500,00 \times 100}{841.000,00}$ = 25,39 % von 12.000,00 = 3.046,80

2 a) Betriebsfinanzamt = Hamburg

b) Zerlegungsanteile

			Hebesatz	GewSt-Schuld
Hamburg	$\frac{280.000 \times 100}{1.120.000}$	= 25 % v. 27.000,00 = 6.750,00	× 470 %	= 31.725,00
Köln	$\frac{224.000 \times 100}{1.120.000}$	= 20 % v. 27.000,00 = 5.400,00	× 450 %	= 24.300,00
Ulm	$\frac{112.000 \times 100}{1.120.000}$	= 10 % v. 27.000,00 = 2.700,00	× 360 %	= 9.720,00
München	$\frac{336.000 \times 100}{1.120.000}$	= 30 % v. 27.000,00 = 8.100,00	× 490 %	= 39.690,00
Chemnitz	$\frac{168.000 \times 100}{1.120.000}$	= 15 % v. 27.000,00 = 4.050,00	× 450 %	= 18.225,00

Fall 13

Vorläufiger Gewinn aus Gewerbebetrieb	240.000,00
+ Hinzurechnungen	24.000,00
– Kürzungen	36.000,00
vorläufiger Gewerbeertrag	228.000,00
× 3,5 %	7.980,00
× 420 %	33.516,00
– Vorauszahlungen	32.000,00
Rückstellung	1.516,00

Übungen zu 5.9

1 a)	steuerlicher Gewinn aus Gewerbebetrieb	156.800,00
	+ Hinzurechnungen § 8	18.800,00
	– Kürzungen § 9	12.000,00
	vorläufiger Gewerbeertrag	163.600,00
	– Freibetrag	24.500,00
	verbleiben	139.100,00
	× 3,5 %	4.868,50
	× 440 % vorläufige GewSt-Schuld	21.421,40
	– Vorauszahlungen	14.400,00
	Gewerbesteuer-Rückstellung	7.021,40
b)	vorläufiger Handelsbilanzgewinn	142.400,00
	– Gewerbesteuer-Rückstellung	7.021,40
	endgültiger Gewinn in der HB	135.378,60

2	vorläufiger Gewinn aus Gewerbebetrieb	80.000,00
	+ Gewerbesteuer-Vorauszahlungen	**18.600,00**
	+ Hinzurechnungen § 8	32.000,00
	– Kürzungen § 9	18.000,00
	vorläufiger Gewerbeertrag	112.600,00
	× 3,5 % Steuermessbetrag	3.941,00
	× 460 % Hebesatz	18.128,60
	– Vorauszahlungen	18.600,00
	Gewerbesteuerforderung	471,40

3	Steuerlicher Gewinn		180.000,00
	Hinzurechnungen § 8 Nr. 1		
	gezahlte Kontokorrentzinsen	12.000,00	
	Damnum = $\frac{6.000,00 \times 10}{60}$ =	1.000,00	
	Zinsen = $\frac{150.000,00 \times 5 \times 10}{100 \times 12}$ =	6.250,00	
	Gewinnanteil stiller Gesellschafter	15.000,00	
	Leasingraten 20% von 240.000,00	48.000,00	
	Summe	82.250,00	
	– Freibetrag	200.000,00	0,00
	Gewinn + Hinzurechnungen		180.000,00
	Kürzungen § 9 Nr. 1 124.000,00 × 1,4 × 1,2%		2.083,20
	Gewerbeertrag, abgerundet		177.900,00
	– Freibetrag		24.500,00
	verbleiben		153.400,00
	× 3,5%		5.369,00
	× 420%		22.549,80
	– Vorauszahlungen		20.000,00
	Rückstellung		2.549,80

4	vorläufiger Gewinn laut Handelsbilanz	420.000,00	
	+ KSt-Vz incl. SolZ	84.400,00	
	+ GewSt-Vorauszahlungen	72.000,00	576.400,00
	Hinzurechnungen § 8 Nr. 1		
	gezahlte Zinsen	96.000,00	
	Miete für Halle 50% von 108.000,00	54.000,00	
	Leasingraten 20% von 124.000,00 =	24.800,00	
	Summe	174.800,00	

– Freibetrag	200.000,00	
verbleiben	0,00	
× 25 %		0,00
Spenden f. wiss. Zwecke § 8 Nr. 9		40.000,00
Gewinn + Hinzurechnungen		616.400,00
Kürzungen § 9 Nr. 1 148.000,00 × 1,4 × 1,2%		2.486,40
§ 9 Nr. 5 Spenden		40.000,00
Gewerbeertrag, gerundet		573.900,00
× 3,5 %		20.086,50
× 380 %		76.328,70
– Vorauszahlungen		72.000,00
Rückstellung		4.328,70

Aufgaben zur Wiederholung und Vertiefung

1	Gewinn aus Gewerbebetrieb			96.000,00
	Korrekturen			
	+ als BA gebuchte Spenden			3.000,00
	+ Gewinn aus dem Verkauf der Einrichtung			14.250,00
	Ausgangswert			113.250,00
	+ Hinzurechnungen § 8:			
	Zinsen für Darlehen $\frac{100.000 \times 2,4 \times 11}{100 \times 12}$	=	2.200,00	
	Damnum (6% von 100.000) $\frac{6.000 \times 11}{120}$	=	550,00	
	Kontokorrentzinsen		12.980,00	
	Gewinnanteil typischer stiller Gesellschafter		3.000,00	
	Miete/Pacht für			
	< bewegliche WG des AV 20% von 9.660,00 (Laseranlage: 4.860,00; Spielgeräte: 4.800,00)	=	1.932,00	
	< unbewegliche WG des AV 50% von 2.400,00 (Grundstück: 2.400,00)	=	1.200,00	
	Summe		21.862,00	
	– Freibetrag		200.000,00	
	Hinzurechnung			0,00
	Gewinn + Hinzurechnungen			113.250,00
	– Kürzungen § 9:			
	38.000,00 × 75% × 1,4 × 1,2%			478,80
	Gewinnanteil an der KG			24.000,00
	Spenden für gemeinnützige u. wissenschaftl. Zwecke			3.000,00
	Gewerbeertrag			85.771,20
	abgerundet			85.700,00
	– Freibetrag			24.500,00
	verbleiben			61.200,00
	Steuermessbetrag	× 3,5% =		2.142,00
	Gewerbesteuerschuld	× 480% (Hebesatz) =		10.281,60
	– Vorauszahlungen			8.000,00
	Abschlusszahlung			2.281,60

2

	Gewinn laut Handelsbilanz	888.400,00	
	Korrekturen:		
+	KSt-Vorauszahlung	320.000,00	
+	Solidaritätszuschlag	17.600,00	
+	Spenden an politische Parteien (nicht abzugsfähig)	20.000,00	
+	GewSt-Vorauszahlungen	148.000,00	
–	Investitionszulage (steuerfrei)	20.000,00	
	vorläufiger steuerlicher Gewinn	1.374.000,00	1.374.000,00
+	**Hinzurechnungen § 8**		
	Entgelte für Schulden		
	< Kreditzinsen	10.416,00	
	< Damnum	1.875,00	
	< restl. Darlehenszinsen	12.920,00	
	Miete/Pacht/Leasingraten für		
	< bewegliche WG des AV 20 % von 72.000,00 =	14.400,00	
+	Elektrofahrzeuge 10 % von 48.000,00 =	4.800,00	
	< unbewegliche WG des AV 50 % von 120.000,00 =	60.000,00	
	Summe	104.411,00	
	– Freibetrag	200.000,00	
	davon 25 % = Hinzurechnung	0,00	0,00
	Verlustanteil an der KG		40.000,00
	Spenden für wissenschaftl. Zwecke		10.000,00
	Spenden für gemeinnützige Zwecke		5.000,00
	Gewinn + Hinzurechnungen		1.429.000,00
–	**Kürzungen § 9**		
	1,2% von 120.000 (30.000 × 400%)		1.440,00
	das im März erworbene Grundtück wird erst ab dem nächsten Erhebungszeitraum berücksichtigt (= Stichtagsprinzip)		0,00
	Gewinnanteil an der Vertriebs GmbH [1]		0,00
	Spenden für wissenschaftl. Zwecke		10.000,00
	Spenden für gemeinnützige Zwecke		5.000,00
	Gewerbeertrag		1.402.500,00
	abgerundet		1.402.500,00
	vorläufiger Steuermessbetrag	× 3,5% =	49.087,50
	vorläufige Gewerbesteuerschuld	× 380% =	186.532,50
–	Vorauszahlungen		148.000,00
	Abschlusszahlung		38.532,50

[1] Nach § 8 b (5) KStG nicht abziehbare Betriebsausgaben sind keine Gewinne aus Anteilen an einer Kapitalgesellschaft und daher nicht abzugsfähig, (siehe auch§ 9 Nr. 2 a Satz 4 GewStG).

3

	Gewinn laut Handelsbilanz	236.800,00	
	Korrekturen:		
+	Tätigkeitsvergütung F.W.	90.000,00	
+	Tätigkeitsvergütungen J.W. und A.W.	96.000,00	
+	überhöhte Zinsen für Frau W.	3.000,00	
	steuerlicher Gewinn		425.800,00
+	**Hinzurechnungen § 8:**		
	Entgelte für Schulden		
	< Zinsen an Frau W.	9.000,00	
	< Darlehenszinsen an Banken	156.000,00	
	Miete/Pacht für		
	< bewegliche WG des AV 20% von 120.000,00 =	24.000,00	
	< unbewegliche WG des AV 50% von 306.000,00 =	153.000,00	
	Summe	342.000,00	
	– Freibetrag	200.000,00	
	davon 25 % = Hinzurechnung	142.000,00	35.500,00
	Gewinn + Hinzurechnungen		461.300,00
–	**Kürzungen § 9:**		
	1,2% von 32.400 (60% von 54.000) × 1,4		544,32
	Gewerbeertrag		460.755,68
	abgerundet		460.700,00
–	Freibetrag		24.500,00
	verbleiben		436.200,00
	Steuermessbetrag	× 3,5% =	15.267,00

Zerlegung des Steuermessbetrags

Betriebsstätten	Arbeitslöhne	Unternehmerlohn	Summe	Anteil
Bielefeld	293.000,00	12.500,00	305.500,00	= 50,66 %
Hannover	117.000,00	6.250,00	123.250,00	= 20,44 %
Heilbronn (ohne Azubi)	168.000,00	6.250,00	174.250,00	= 28,90 %
			603.000,00	= 100 %

Zerlegungsanteile							**GewSt-Schuld**
Bielefeld	50,66 % von 15.267,00	=	7.734,26	×	435 %	=	33.644,03
Hannover	20,44 % von 15.267,00	=	3.120,57	×	460 %	=	14.354,62
Heilbronn	28,90 % von 15.267,00	=	4.412,16	×	380 %	=	16.766,21

6 Abgabenordnung

Fall 1

Finanzbehörde	zuständig für die Verwaltung von
Bundesfinanzbehörden	EUSt, Ausfuhrzölle, Energiesteuer
Landesfinanzbehörden	ESt, USt, KSt, Kfz-Steuer
örtliche Steuerämter	Hundesteuer, Vergnügungsteuer

Fall 2

Finanzamt	zuständig für
Wohnsitzfinanzamt Halle	Einkommensteuer
Lagefinanzamt Halle	Grundsteuermessbescheid für das EFH
Tätigkeitsfinanzamt Leipzig	USt aus freiberuflicher Tätigkeit

Fall 3

Finanzamt	zuständig für
Betriebsfinanzamt Kiel	gesonderte und einheitliche Feststellung der Einkünfte aus Gewerbebetrieb, USt, Gewerbesteuermessbescheid
Lagefinanzamt Kiel	gesonderte und einheitliche Feststellung des Einheitswerts für das Betriebsgrundstück, Grundsteuermessbescheid

Übungen zu 6.1.2

1

Finanzamt	zuständig für
Wohnsitzfinanzamt Ulm	Einkommensteuer
Lagefinanzamt Ulm	gesonderte und einheitliche Feststellung des Einheitswerts für das EFH Grundsteuermessbescheid
Betriebsfinanzamt Neu-Ulm	gesonderte Feststellung der Einkünfte aus Gewerbebetrieb, USt, ewerbesteuermessbescheid
Lagefinanzamt Neu-Ulm	gesonderte Feststellung des Einheitswerts für das Betriebsgrundstück, Grundsteuermessbescheid

2 a) KSt: FA der Geschäftsleitung, Würzburg

b) USt: Betriebs-FA, Würzburg

c) GewSt-Messbescheid: Betriebs-FA, Würzburg

d) Grundsteuermessbescheid: Lage-FA Würzburg

e) ESt: Wohnsitz-FA, Wertheim

3

Finanzamt	**örtlich zuständig für**
Wohnsitzfinanzamt RV	Einkommensteuer
Lagefinanzamt RV	gesonderte Feststellung des Einheitswerts für das EFH, Grundsteuermessbescheid
Tätigkeitsfinanzamt Lindau	gesonderte Feststellung der Einkünfte aus freiberuflicher Tätigkeit
Betriebsfinanzamt Friedrichshafen	gesonderte Feststellung der Einkünfte aus Gewerbebetrieb, USt, Gewerbesteuermessbescheid
Lagefinanzamt Oberstdorf	gesonderte Feststellung der Einkünfte aus L + F, gesonderte Feststellung des Einheitswerts für Betriebe der L + F, Grundsteuermessbescheid
Lagefinanzamt Mannheim	gesonderte und einheitliche Feststellung des Einheitswerts für das Mietwohngrundstück, Grundsteuermessbescheid
Verwaltungsfinanzamt Ludwigshafen	gesonderte und einheitliche Festellung der Einkünfte aus V & V

Fall 4

Der Steuerbescheid wurde wirksam bekanntgegeben, weil er in den Machtbereich des Empfängers gelangte und dieser von dem Bescheid hätte Kenntnis nehmen können.

Übungen zu 6.2

1 a) Verwaltungsakt; alle Voraussetzungen des § 118 AO sind erfüllt.

b) kein Verwaltungsakt; interne Anweisung einer übergeordneten Behörde

c) kein Verwaltungsakt; keine hoheitliche Maßnahme

d) Verwaltungsakt; alle Voraussetzungen des § 118 AO sind erfüllt.

e) Verwaltungsakt; alle Voraussetzungen des § 118 AO sind erfüllt.

f) Verwaltungsakt; alle Voraussetzungen des § 118 AO sind erfüllt (schlüssiges Handeln).

2 a) begünstigende Verwaltungsakte: f)
b) belastende Verwaltungsakte: a), d), e)

3 Die Rechtsbehelfsbelehrung ist kein Bestandteil des Verwaltungsakts. Der Steuerbescheid wird wirksam. Der Steuerpflichtige kann allerdings noch bis zum Ablauf eines Jahres nach Bekanntgabe des Steuerbescheids Einspruch einlegen, § 356 (2) AO.

4 dritter Tag nach Aufgabe zur Post; 08.11.2021 (Bekanntgabe)

5 Bekanntgabe 20.12.2021 (Montag)

6 Der USt-Bescheid hätte an die KG als Steuerschuldner gerichtet werden müssen. Veranlagte Person und Adressierung decken sich nicht. Der USt-Bescheid ist nichtig, § 122/125 AO.

7 Der Bescheid gilt am dritten Tag nach Absendung der Nachricht als bekanntgegeben, § 122 (2a) AO. Da dieser Tag, 28.08.2021, ein Samstag ist, verlängert sich die Frist bis zum Ablauf des nächstfolgenden Werktags, Montag, 30.08.2021, § 108 (3) AO.

Fall 5

Bekanntgabe:	29.03.2021
Beginn der RB-Frist:	30.03.2021 Ende der RB-Frist: 29.04.2021
Bekanntgabe:	29.04.2021 (Donnerstag)
Beginn der RB-Frist:	30.04.2021
	Ende der RB-Frist: 31.05.2021 (29.05. Samstag)

Fall 6

Der Sohn hat das 18. Lebensjahr am 31.12.2021 vollendet.

Übungen zu 6.3

1 Beginn der RB-Frist: 31.03.2021, weil tatsächlicher Zugang 30.03.
Ende der RB-Frist: 30.04.2021

2 Bekanntgabe: 18.10.2021 (Montag)
Fristbeginn: 19.10.2021
Fristende: 25.10.2021 (Montag)

3 Ein Altersentlastungsbetrag kann nicht gewährt werden. Der Steuerpflichtige vollendet am 31.12.2020 erst sein 63. Lebensjahr.

4 Felix vollendet sein 25. Lebensjahr am 24.11.2021. Die Eltern erhalten für 11 Monate einen Ausbildungsfreibetrag ($\frac{11}{12}$ von 924,00 = 847,00).

Fall 7

	ESt-Festsetzung	18.460,00
–	Vorauszahlungen	12.000,00
	Abschlusszahlung	6.460,00

a) Der festzusetzende Verspätungszuschlag beträgt 0,25 % von 6.460,00 = 16,15 mind. jedoch 25,00 je angefangener Monat der Verspätung ab 31.09.2021[1)] also 1 × 25,00 = 25,00.

b) Die gesetzliche Frist für die Abgabe der ESt-Erklärung 2019 für steuerlich nicht beratene Stpfl. endet am 31.07.2020. Die Abgabe der Steuererklärung erfolgte nicht innerhalb von 7 Monaten nach Ablauf des Vz 2019, daher beträgt der festzusetzende Verspätungszuschlag ab August 2020 14 × 25,00 = 350,00.

Fall 8

Ablauf der Schonfrist 14.12.2021, Montag; Säumniszuschlag 22,50

Übungen zu 6.3.3

1 a)		ESt-Festsetzung	18.340,00	
	–	Vorauszahlungen	8.000,00	
	–	anzurechnende LSt	2.420,00	
b)		Abschlusszahlung	7.920,00	davon 0,25% = 19,80
				mind. jedoch 2 × 25,00 = 50,00

2 Säumniszuschlag: 4 % von 12.650,00 = 506,00

3 Fälligkeit: 23.08.2021 (Montag)
Beginn der Schonfrist: 24.08.2021
Ende der Schonfrist: 26.08.2021 (Donnerstag)
Folge: Säumniszuschlag, 1% von 5.650,00 = 56,50

4 Fälligkeit der LSt für Mai 2021: 10.06.2021
Abgabe der LSt-Anmeldung + Scheck: 14.06.2021

Ein Verspätungszuschlag kann erhoben werden (Ermessensentscheidung, in diesem Fall richtet sich der Verspätungszuschlag nach der Dauer und Häufigkeit der Fristüberschreitung sowie nach der Höhe der Steuer, § 152 (8) AO). Für Steueranmeldungen besteht keine Abgabeschonfrist.
Ein Säumniszuschlag von 1% = 128,00 wird erhoben, da die Zahlung durch Scheck zusammen mit der Abgabe der Steueranmeldung erfolgte und nicht 3 Tage vor Fälligkeit. Die Zahlungsschonfrist gilt nicht für Scheckzahlungen.

Fall 9

Voraussetzungen für Wiedereinsetzung sind erfüllt:
- gesetzliche, nicht verlängerbare Frist
- unverschuldet versäumt
- Antrag auf Wiedereinsetzung
- versäumte Rechtshandlung wird innerhalb eines Monats nach Wegfall des Hinderungsgrundes nachgeholt

1) Frist um 6 Monate verlängert, wenn Personen i. S. d. §§ 3+4 StBerG die Erklärung erstellt haben, Änderung des Einführungsgesetzes zur AO vom 12.02.2021

Übungen zu 6.3.4

1 a) Wiedereinsetzung ist möglich; bei vorübergehender Abwesenheit bis zu sechs Wochen muss der Steuerpflichtige keine besonderen Vorkehrungen wegen der Bekanntgabe von Steuerbescheiden treffen.

b) Keine Wiedereinsetzung; bei Krankheit eines Mitarbeiters muss die Vertretung geregelt werden (Organisationsmangel).

c) Keine Wiedereinsetzung; der Briefkasten wird erst nach Ablauf der Frist geleert, der Steuerpflichtige muss für den fristgerechten Eingang seiner Schreiben sorgen.

d) Keine Wiedereinsetzung; der Steuerpflichtige ist wegen des gebrochenen Fingers nicht an der Einhaltung der Frist gehindert.

e) Wiedereinsetzung ist möglich; der Steuerpflichtige kann wegen Bewusstlosigkeit die Frist nicht einhalten.

2 Wiedereinsetzung ist möglich, da alle Voraussetzungen des § 110 AO gegeben sind. Der Stpfl. versäumt unverschuldet die Einspruchsfrist (gesetzliche, nicht verlängerbare Frist). Er legt innerhalb eines Monats nach Wegfall des Hindernisses Einspruch ein und holt damit die versäumte Rechtshandlung nach.

Fall 10

Der Sachbearbeiter muss auch die für den Steuerpflichtigen günstigen Umstände berücksichtigen.
Die übersehenen Werbungskosten sind anzusetzen, § 88 (1) S. 2 AO.

Fall 11

Der Steuerpflichtige hat bei der Ermittlung des Sachverhalts durch Vorlage von Belegen (Beweismitteln) mitzuwirken. Kommt er dieser Vorlagepflicht nicht nach, kann sich das FA mit einem Kontoabrufeersuchen an das Kreditinstitut wenden, wenn der Abruf von Kontoinformationen zur Erhebung und Festsetzung der ESt erforderlich ist, § 93 Abs. 7, § 93 b (2) AO.

Fall 12

a) Eine Außenprüfung ist zulässig, weil der Steuerpflichtige einen Gewerbebetrieb unterhält.
b) Die Außenprüfung kann sich sowohl auf die Einkünfte aus Gewerbebetrieb als auch auf die Einkünfte aus V & V erstrecken.

Übungen zu 6.4

1 a) §§ 91, 92, 93 AO

b) Der Steuerpflichtige muss der Aufforderung des Sachbearbeiters nachkommen, er hat im eigenen Besteuerungsverfahren kein Aussage- und Vorlageverweigerungsrecht.

2 Selbstständig Tätige sind nicht zur Führung von Büchern verpflichtet, §§ 140/141 AO.

3 a) Die Voraussetzungen für die Buchführungspflicht sind ab dem Wj 2022 gegeben, § 141 AO.
b) Die Verpflichtung, Bücher zu führen, beginnt mit Ablauf des Wj, in dem das FA auf die Buchführungspflicht hinweist, § 141 (2) AO.

4 Das FA kann Zwangsmittel nach § 388 ff AO einsetzen, z. B. Zwangsgeld androhen und festsetzen, oder einen Schätzbescheid erlassen, § 162 AO.

5 Dr. Rasch könnte die Auskunft verweigern, § 102 (1) Nr. 3 AO. Er darf die Auskunft jedoch nicht verweigern, wenn er von der Verpflichtung zur Verschwiegenheit entbunden wird, § 102 (3) AO.

6 Folgen für Unternehmer: Anerkennung der Zinsen als BA nur in üblicher Höhe, 3 % von 80.000,00 = 2.400,00

Folgen für Großeltern: Mitteilung der Einkünfte aus Kapitalvermögen an das zuständige Wohnsitzfinanzamt; ggf. Einleitung eines Verfahrens wegen Steuerhinterziehung

Fall 13

Der Steuerbescheid enthält die in den §§ 119, 157 AO vorgeschriebenen Inhalte:
- erlassende Behörde
- Steuerschuldner
- Art und Höhe der Steuerschuld

Fehlt die Rechtsbehelfsbelehrung, kann der Steuerpflichtige bis zum Ablauf eines Jahres seit Bekanntgabe des Bescheids Einspruch einlegen, § 356 (2) AO.

Fall 14

Die Festsetzungsfrist beginnt mit Ablauf des 31.12.2019 und endet am 31.12.2023. Die Steuerfestsetzung „unter Vorbehalt der Nachprüfung“ kann innerhalb der Festsetzungsfrist jederzeit geändert werden.

Fall 15

Steuer-pflichtige	Festsetzungsfrist	
	Beginn	Ende
Heinze	31.12.2021, 24.00 Uhr	31.12.2025, 24.00 Uhr
Paulsen	31.12.2018, 24.00 Uhr	31.12.2022, 24.00 Uhr

Fall 16

Die Festsetzungsfrist endet erst mit Ablauf des 23.01.2021 (Ablaufhemmung), § 171 (2) AO. Die Korrektur des Fehlers ist daher noch möglich.

Fall 17

Der ESt-Bescheid ist nach § 172 (1) Nr. 2 a AO zu ändern (schlichte Änderung). Der Steuerpflichtige stellt einen Antrag (formfrei) vor Ablauf der Einspruchsfrist (27.12.2021 24.00 Uhr, Montag). Die Änderung erfolgt zugunsten des Steuerpflichtigen.

Fall 18

Die Angaben wurden wegen schlampiger Buchführung vergessen. Dies stellt ein grobes Verschulden des Steuerpflichtigen dar.
Zwischen den zu einer niedrigeren Steuer führenden Betriebsausgaben und den zu einer höheren Steuern führenden Betriebseinnahmen besteht jedoch ein unmittelbarer Zusammenhang. Das Verschulden des Steuerpflichtigen ist deshalb unbeachtlich, § 173 (1) Nr. 2 Satz 2 AO. Der Steuerbescheid ist zugunsten des Stpfl. zu ändern.

Übungen zu 6.5.3 – 6.5.6

1 a) 31.12.2025

b) 31.12.2025

c) 12.03.2021 (§ 171 (4) AO) (Ablaufhemmung)

2 Die offenbare Unrichtigkeit kann noch innerhalb eines Jahres nach Bekanntgabe des unrichtigen Bescheids korrigiert werden, § 171 (2) AO (Ablaufhemmung).

3 Eine Berichtigung ist noch möglich, da die Festsetzungsfrist erst am 16.08.2021 (Montag) endet, § 171 (2) AO.

4 Die Festsetzungsfrist beträgt bei hinterzogenen Steuern 10 Jahre nach Ablauf des Kalenderjahrs der Steuerentstehung. Eine Nachforderung ist daher im Jahr 2021 noch möglich.

5 a) Eine Berichtigung ist nach § 173 (1) AO möglich (= neue Tatsache), da der Stpfl. seiner Mitwirkungspflicht nicht in vollem Umfang nachgekommen ist.

b) Umfang der Berichtigung:

Betriebseinnahmen (führt zu einer höheren ESt)		+ 10.000,00	
+ Ausgangs-USt	1.900,00		
– Vorsteuer	3.200,00		
	– 1.300,00		(USt-Erstattungsanspruch)

6 a) Das FA hat einen Änderungsbescheid zu erlassen, wegen neuer Tatsachen.

b) Das zu versteuernde Einkommen ist um 1.500,00 zu verringern. Grobes Verschulden des Steuerpflichtigen ist in diesem Falle unbeachtlich, § 173 (1) Nr. 2 Satz 2 AO.

Fall 19

ESt, USt, GewSt

Fall 20

a) 10.11.2021, § 41 a (1) EStG

b) Fälligkeit: 11.11.2019, § 220 (1) AO, siehe a)

c) Eine Säumnis tritt nach § 240 (1) Satz 3 AO nicht ein, bevor die Steuer angemeldet worden ist. Ein Säumniszuschlag kann nicht erhoben werden, aber ein Verspätungszuschlag (AEAO zu § 240, Tz. 1 a)).

Fall 21

Die anhaltende schlechte Auftragslage ist keine erhebliche Härte. Der Steuerpflichtige muss sich in diesem Fall auf vorhersehbare Liquiditätsengpässe einstellen.

Fall 22

Stundungszinsen für Az: 1% von 2.450,00 = 24,50 ~ 24,00

für Vz: 0,5% von 1.200,00 = 6,00 (werden nicht festgesetzt, da unter 10,00, § 239 (2) AO). Jeder Anspruch ist für sich zu betrachten (AEAO zu § 238 (2) AO.

Fall 23

Die Zahlung gilt mit der Gutschrift auf dem Konto des Finanzamts (17.06.2021) als entrichtet. Ein Säumniszuschlag von 15,50 € (1 % von 1.550,00 €) ist zu entrichten, da die Zahlung nicht innerhalb der Schonfrist, § 240 (3) AO, erfolgte.

Fall 24

Die Aufrechnungslage ist am 10.12.2021 (Freitag) gegeben. Zu diesem Zeitpunkt sind alle Voraussetzungen erfüllt:
- Gegenseitigkeit
- Gleichartigkeit
- Fälligkeit des USt-Anspruchs
- Erfüllbarkeit des ESt-Erstattungsanspruchs

Fall 25

Ein Billigkeitserlass kommt nicht in Frage, weil der Steuerpflichtige seine mangelnde Zahlungsfähigkeit selbst verschuldet hat.

Fall 26

Der Steuerpflichtige ist unverschuldet in die finanzielle Notlage geraten (Erlasswürdigkeit). Durch die Zahlung der ESt wäre seine wirtschaftliche Existenz bedroht (Erlassbedürftigkeit), § 163 (1) AO.

Das FA kann die ESt auf 0,00 festsetzen, § 163 AO.

Fall 27

Beginn der Zahlungsverjährung:	31.12.2022, 24.00 Uhr (Anlaufhemmung weil die festgesetzte Steuer von der erklärten abweicht)
Ende der Zahlungsverjährung:	31.12.2027, 24.00 Uhr

Fall 28

Die Verjährungsfrist wird unterbrochen und beginnt mit Ablauf des Kj 2021 für weitere 5 Jahre neu zu laufen.

Fall 29

festgesetzte ESt	12.520,00	Der Zinslauf beginnt mit Ablauf des 31.03.2021 und endet am Tag der Bekanntgabe des Bescheids 08.07.2021.
– Vorauszahlungen	8.400,00	(01.04.2021–08.07.2021 = 3 volle Monate)
verbleiben	4.120,00	
BMG	~ 4.100,00	Zinsen 1,5% ~ 61,00

Übungen zu 6.6

1

	Entstehung der Steuer	Fälligkeit
a) USt-VA	30.11.2021	10.12.2021
b) LSt Okt.	31.10.2021	10.11.2021
LSt Nov.	30.11.2021	10.12.2021
c) KSt 2018	31.12.2020	1 Monat nach Bekanntgabe des Bescheids
d) USt 2018	31.12.2020	1 Monat nach Einreichung der USt-Erklärung
e) GewSt 2018	31.12.2020	1 Monat nach Bekanntgabe des Bescheids

2 a) Die Stundung ist gerechtfertigt. Die Einziehung der Steuer bedeutet für den Steuerpflichtigen eine erhebliche Härte.

b) Sicherheitsleistung

c) Bekanntgabe: Mo, 16.08.2021 weil 15.08. Sonntag; Fälligkeit: 16.09.2021

Stundung bis 31.12.2021 = 3 volle Monate 1,5 % von 1.650,00 ~ 24,00

d) angefallene Stundungzinsen bis zur Tilgung:
0,5% von 1.650,00 ~ 8,00 sind zu entrichten auch wenn sie weniger als 10,00 betragen.
Stundungszinsen für die Zeit nach der Tilgung:
1% von 1.650,00 ~ 16,00, auf die Erhebung kann das FA verzichten, § 234 (2) AO
AEAO Tz. 1 zu § 234 AO

3 Der Rückgang der Baukonjunktur ist kein Erlassgrund. Durch den Forderungsausfall ist die wirtschaftliche Existenz des Stpfl. nicht erheblich gefährdet.
Die aufgeführten Tatbestände reichen für einen Erlass der ESt-Schuld nicht aus. Die ESt-Schuld könnte jedoch gestundet werden.

4

Vorgang	Zahlungsverjährung Beginn	Ende
USt-VA Juli 2021	31.12.2021	31.12.2026
korrigierte USt-VA Juli 2021 Anlaufhemmung	31.12.2022	31.12.2027

5 Die Aussetzung der Vollziehung unterbricht die Verjährung des Steueranspruchs, § 231 (1) AO.
Die Zahlungsverjährung beginnt mit Ablauf des Kalenderjahrs, in dem die Unterbrechung geendet hat, am 31.12.2022, § 231 (3) AO und endet am 31.12.2027.

6 Nachforderungszinsen für USt:

festgesetzte USt	63.200,00
– Vorauszahlungen	62.000,00
Nachforderung	1.200,00

Beginn des Zinslaufs: 01.10.[1] 2021
Ende des Zinslaufs: 10.12.2021
(AEAO zu § 233 a Tz. 5; § 168 S. 1 AO)
Zinsen für 2 Monate = 1 % von 1.200,00 = 12,00

Erstattungszinsen für KSt:

festgesetzte KSt	174.280,00
– Vorauszahlungen	176.000,00
Erstattungsanspruch	1.720,00

Beginn des Zinslaufs: 01.10.2021
Ende des Zinslaufs: 04.01.2022

Zinsen für 3 Monate = 1,5 % von 1.700,00 ~ 25,00

7

festgesetzte ESt	22.000,00	
– Vorauszahlungen	12.000,00	
– anrechenbare LSt	8.000,00	
Nachforderung	2.000,00	Zinsen (für 1 voller Monat) 0,5 % = 10,00

8

festgesetzte ESt	22.480,00	
– tatsächliche Vz	23.000,00	
Unterschiedsbetrag	520,00	Zinsen (für 2 volle Monate) 1 % von 500,00 = 5,00 Zinsen werden nicht festgesetzt, da sie nicht mindestens 10,00 betragen; § 239 (2) AO.

Fall 30

a) ESt: Einspruch
GewSt: Widerspruch

b) 27.12.2021 (Montag)

c) ESt: Finanzamt
GewSt: Steueramt der Gemeinde

[1] Die Karenzzeit für den Vz 2019 wurde um 6 Monte verlängert. Beginn des Zinslaufs daher 01.10.2021 (Änderung des Einführungsgesetzes zur AO, Artikel 97, § 36).

Fall 31

Das FA weist den Einspruch als unzulässig zurück, weil dieser nicht formgerecht (telefonisch) eingereicht wurde.

Fall 32

a) Das FA kann im Einspruchsverfahren die Steuer auch höher festsetzen (Verböserung). Der Steuerfall wird in vollem Umfang neu aufgerollt. Dem Steuerpflichtigen ist jedoch vorher rechtliches Gehör zu gewähren, § 367 (2) AO.
b) Rücknahme des Einspruchs, § 362 (1) AO.

Fall 33

a) Die Klage kann beim zuständigen Finanzgericht, § 38 FGO, oder beim FA Heidelberg eingereicht werden.
b) 19.07.2021, weil 18.07. Sonntag

Fall 34

a) Die Vollziehung (Vollstreckung) des angefochtenen USt-Bescheids ist gehemmt für die Dauer der Aussetzung der Vollziehung.
b) 0,5 % Aussetzungszinsen ab Fälligkeit des Steueranspruchs: 08.11.2020
08.11.2021 (Montag) – 04.01.2022 = 0,5 % von 10.350,00 ~ 51,00

Übungen zu 6.7

1 a) Kein Einspruch möglich, Steuerfestsetzung 0,00, keine „Beschwer".
b) Klage gegen die Einspruchsentscheidung beim zuständigen Finanzgericht
c) Einspruch beim FA Hagen
d) Einspruch beim FA Braunschweig
e) Einspruch beim FA Worms
f) Einspruch beim FA Lindau, bei fehlender RB-Belehrung endet die Einspruchsfrist erst ein Jahr nach Bekanntgabe des Bescheids, 20.09.2022, § 356 (2) AO.

2 a) 22.02.2021
b) schriftlich oder zur Niederschrift
c) unstreitige Werbungskosten wurden nicht anerkannt.
d) Abhilfebescheid

3 a) Der Einspruch führt zur Aufrollung des gesamten Steuerfalls, nicht nur zu einer Punktberichtigung. Eine Verböserung ist möglich.
b) Rücknahme des Einspruchs

4 a) Für die Dauer der Aussetzung der Vollziehung wird die Einziehung des Steueranspruchs gehemmt.
b) Einspruch einlegen

5 a) Klage beim Finanzgericht
b) 26.04.2021, weil 25.04. Sonntag
c) zuständiges Finanzgericht oder FA Erfurt

Fall 35

a) Steuerhinterziehung, § 370 AO, Straftat

b) leichtfertige Steuerverkürzung, § 378 AO

Fall 36

a) leichtfertige Steuerverkürzung, § 378 AO

b) Gefährdung von Abzugsbeträgen, § 380 AO

Fall 37

Eine strafbefreiende Selbstanzeige ist nicht mehr möglich, weil bereits eine Prüfungsanordnung bekanntgegeben worden ist, § 371 (2) Nr. 1 a AO.

Übungen zu 6.8.3

1 a) Steuerhinterziehung = Steuerstraftat

b) Geldstrafe oder Freiheitsentzug bis zu 5 Jahren

2 a) Der Gewerbetreibende begeht Steuerhinterziehung, der Verkäufer macht sich wegen Beihilfe strafbar.

b) Die Ausstellung der Belege stellt zunächst eine Steuergefährdung (Ordnungswidrigkeit) dar. Kommt es durch die Verwendung der Belege zu einer Steuerverkürzung, erfolgt die Bestrafung wegen Steuerhinterziehung (Steuerstraftat).

3 Es liegt eine strafbefreiende Selbstanzeige vor, die alle Voraussetzungen des § 371 (2 a), Berichtigung der unrichtigen Angaben, AO erfüllt.

4 Eine strafbefreiende Selbstanzeige liegt nicht vor, da der Stpfl. damit rechnen musste, dass die Tat bereits entdeckt war, § 371 (2) Nr. 2 AO.

Aufgaben zur Wiederholung und Vertiefung

1

Finanzamt	zuständig für
Wohnsitz-FA Dessau	ESt der Ehegatten, § 19 (1) AO
Lage-FA Dessau	gesonderte und einheitliche Feststellung des Einheitswerts für das EFH, §§ 179 (2), 180 (1) Nr. 1 AO; Grundsteuermessbescheid für das EFH, § 22 (1) AO
Betriebs-FA Halle	USt, § 21 AO; Gewerbesteuermessbescheid, § 22 (1) AO; gesonderte Feststellung der Einkünfte aus Gewerbebetrieb, §§ 18 (1) Nr. 2, 180 (1) Nr. 2 b AO
Tätigkeits-FA Magdeburg	gesonderte Feststellung der Einkünfte aus selbstständiger Arbeit, § 180 (1) Nr. 2 b AO
Verwaltungs-FA Leipzig	gesonderte und einheitliche Feststellung der Einkünfte aus Vermietung und Verpachtung, §§ 179 (2), 180 (1) Nr. 2 a AO
Lage-FA Leipzig	gesonderte und einheitliche Feststellung des Einheitswerts für das Mietwohngrundstück, §§ 179 (2), 180 (1) Nr. 1 AO; Grundsteuermessbescheid, § 22 (1) AO
Verwaltungs-FA München	gesonderte und einheitliche Feststellung der Einkünfte aus Kapitalvermögen, §§ 18 (1) Nr. 4, 179 (2), 180 (1) Nr. 2 a AO

2

1. Nach § 155 (3) Satz 2 AO kann mit dem Steuerbescheid die Fesetzung eines Verspätungszuschlags verbunden werden. Dabei handelt es sich um einen eigenständigen Verwaltungsakt.
2. Im Fall der ESt-Zusammenveranlagung kann ein zusammengefasster Bescheid erlassen werden § 155 (3) AO. Die Übermittlung an einen Ehegatten ist zulässig, § 122 (6) AO.
3. Da die ESt-Erklärung von beiden Ehegatten unterschrieben wurde, ist die Bekanntgabe des Steuerbescheids bei Zusammenveranlagung an einen Beteiligten zugleich mit Wirkung für und gegen den anderen Beteiligten zulässig, § 122 (6) AO.
   Der Bescheid ist am 13.09.2021 (Montag), den Ehegatten wirksam bekanntgegeben.

3

1. Buchführungspflicht besteht nach Handelsrecht ab Anfang 2020, § 238 HGB. Da Fink einen Gewerbebetrieb betreibt, der einen in kaufmännischer Weise eingerichteten Geschäftsbetrieb erfordert, gilt die Buchführungspflicht nach HGB auch für die Besteuerung, § 140 AO.
2. a) Herr Fink ist Beteiligter i. S. d. § 78 AO. Er muss daher die erforderlichen Auskünfte erteilen, § 93 (1) AO.
   b) Frau Fink ist Angehörige des Beteiligten, § 15 AO. Sie kann die Auskunft verweigern, da sie bei der Gewerbesteuererklärung nicht als Beteiligte gilt, § 101 (1) AO.
3. Das FA kann vom Steuerberater die Vorlage der Geschäftsbücher und Aufzeichnungen zur Einsicht und Prüfung verlangen, §§ 97 (1), 104 (2) AO. Der Steuerberater kann jedoch die Auskunft verweigern, § 102 (1) Nr. 3 b AO.
4. Nach § 30 a (5) AO kann der Sachbearbeiter die Bank um Auskunft ersuchen, wenn die Aufklärung des Sachverhalts durch den Beteiligten nicht zum Ziel führt oder keinen Erfolg verspricht, § 93 (1) Satz 3 AO.
   Ermittlungen „ins Blaue hinein" sind jedoch unzulässig, AEAO, Tz 2. zu § 30 a.

4 1. Nach § 164 (1) AO können Steuern „unter Vorbehalt der Nachprüfung" festgesetzt werden, solange der Steuerfall noch nicht abschließend geprüft ist.
2. Steuer können „vorläufig" festgesetzt werden, wenn ungewiss ist, ob die Voraussetzungen für die Entstehung der Steuer eingetreten sind, § 165 (1) AO. Die steuerliche Beurteilung von Tatsachen – durchgeführte Reise – ist jedoch kein Grund für eine Vorläufigkeit.
3. Der Änderungsbescheid aufgrund der Außenprüfung darf nicht unter dem Vorbehalt der Nachprüfung ergehen, weil die Voraussetzungen des § 164 (1) AO nach einer Außenprüfung nicht mehr vorliegen.
4. Der Vorbehalt der Nachprüfung erlischt spätestens mit Ablauf der Festsetzungsfrist am 31.12.2025.

5 1. Der Stpfl. Gerhard hat vor Ablauf der Rechtsbehelfsfrist (06.10.2021, 24 Uhr) die Änderung zu seinen Gunsten beantragt. Der Antrag ist an keine besondere Form gebunden und kann daher auch mündlich/telefonisch gestellt werden, § 172 (1) Nr. 2 a AO. Die Voraussetzungen für eine Änderung des Bescheids liegen vor.
2. Das Finanzamt darf bei der Korrektur nur dem Antrag des Stpfl. entsprechen, § 172 (1) Nr. 2 a AO. Es können daher nur die Spenden im Rahmen des § 10 b EStG als Sonderausgaben zum Abzug zugelassen werden. Materielle Fehler der Steuerfestsetzung können jedoch über § 177 AO mit berichtigt werden.
3. Mit dem Schreiben wäre form- und fristgerecht Einspruch eingelegt, § 347 (1) AO. Eine unrichtige Bezeichnung des Einspruchs, z. B. „Beschwerde", schadet nicht, § 357 (1) S .4 AO. Das Finanzamt müsste die Einkommensteuer-Festsetzung in vollem Umfang erneut überprüfen, § 367 (2) AO. Im Einspruchsverfahren werden auch die Werbungskosten zum Abzug zugelassen. Eine Einspruchsentscheidung ist nicht erforderlich, da dem Begehren des Einspruchsführers nachgekommen wird. Die Abhilfe erfolgt durch einen Abhilfebescheid, § 367 (2) Satz 3 AO.
4. Im Einspruchsverfahren ist eine Verböserung möglich, wenn dem Einspruchsführer vorher rechtliches Gehör gewährt wurde, 367 (2) Satz 2 AO. Durch die Rücknahme des Einspruchs kann die Verböserung jedoch verhindert werden, § 362 AO.
5. Fall 2: Änderungsbescheid
   Fall 3: Abhilfebescheid
   Fall 4: Einspruchsentscheidung
6. Klage beim zuständigen Finanzgericht
7. Der Antrag auf schlichte Änderung/Einspruch verhindert das Eintreten der Festsetzungsverjährung (Ablaufhemmung), § 171 (3) 3 a AO bis über den Antrag/den Rechtsbehelf unanfechtbar entschieden worden ist.

6 1. Das Schreiben des Stpfl. ist als Einspruch auszulegen. Auf die richtige Bezeichnung kommt es nicht an, § 357 (1) AO.

2. Der Stpfl. hat die ESt-Erklärung zu spät eingereicht. Umstände, welche die verspätete Abgabe entschuldbar erscheinen lassen, sind nicht gegeben. Das Finanzamt konnte gemäß § 152 (2) AO einen Verspätungszuschlag von 1.232,00 (0,25 % von 22.480,00 = 56,20, abgerundet 56,00 × 22 Monate) festsetzen.

3. Der Einspruch wird als unzulässig verworfen, weil die Einspruchsfrist bereits abgelaufen ist, §§ 355, 358 AO.

4. Ein Antrag auf Wiedereinsetzung in den vorigen Stand wäre nur möglich, wenn der Stpfl. ohne eigenes Verschulden an der Einlegung des Einspruch gehindert gewesen wäre, § 110 AO.

5. Der Stpfl. müsste einen Antrag auf Aussetzung der Vollziehung stellen, § 361 (2) AO.

7

Steuer	Betrag abgerundet auf volle 50,00	Prozentsatz	Zinsen
ESt Az 2019	12.550,00	3	~ 376,00
ESt Vz II/2021	3.650,00	1,5	~ 54,00
USt Vz 06/2021	1.850,00	1	~ 18,00

Steuerliche Nebenleistungen, wie der Säumniszuschlag, werden nicht verzinst, § 233 Satz 2 AO.

7 Das Bewertungsgesetz

Fall 1

Alle genannten WG bilden eine wirtschaftliche Einheit, da sie demselben Zweck dienen und derselben Vermögensart zuzurechnen sind. Auch das Grundstück der Ehefrau wird der wirtschaftlichen Einheit (Betriebsvermögen) zugerechnet, § 26 BewG.

Übungen zu 7.3

1 Es liegen sechs verschiedene wirtschaftliche Einheiten vor, da sie nicht demselben Zweck dienen und nicht derselben Vermögensart zuzurechnen sind. Die Aktien und die Pfandbriefe gehören zu keiner Vermögensart. Das sonstige Vermögen wurde nach dem Wegfall der Vermögenssteuer gestrichen, § 18 Nr. 4 BewG.

2 Alle WG, ausgenommen das Grundstück, bilden eine wirtschaftliche Einheit (Gewerbebetrieb).

Das Grundstück gehört zum Grundvermögen der Ehefrau und stellt damit eine selbstständige wirtschaftliche Einheit dar.

3 Das gemietete Grundstück bildet keine wirtschaftliche Einheit mit dem übrigen WG, da es dem Einzelhändler nicht gehört.

4 Das Grundstück des Ehemanns bildet zusammen mit den anderen WG des Kosmetikgeschäfts eine wirtschaftliche Einheit, § 26 BewG. Das gemietete, unbebaute Grundstück ist nicht hinzuzurechnen, da es der Gewerbetreibenden nicht gehört.

Fall 2

Elektrofachgeschäft:	gemeiner Wert
Mehrfamilienhaus:	gemeiner Wert/Grundstückswert
L + F-Betrieb:	Wirtschaftswert

Fall 3

an der Börse notierte Aktien:	Kurswert
Investmentzertifikate:	Rücknahmepreis
Lebensversicherung:	Rückkaufswert
nicht an der Börse gehandelte Anleihen:	Nennwert
Anspruch auf Erbbauzins:	Kapitalwert

Übungen zu 7.4

1

Zweifamilienhaus:	gemeiner Wert/Grundbesitzwert
forstwirt. Betrieb:	Wirtschaftswert
an der Börse notierte Aktien:	Kurswert
Bundesschatzbriefe A:	Nennwert
Hypothekenpfandbriefe:	Nennwert
Investmentzertifikate:	Rücknahmepreis
Anteile GmbH:	gemeiner Wert
Darlehensforderung:	Nennwert
uneinbringliche Geldforderung:	kein Ansatz
lebenslange Rente:	Kapitalwert

Eine Zusammenfassung der WG zu einer wirtschaftlichen Einheit ist nicht möglich, da sie unterschiedlichen Vermögensarten zuzurechnen sind.

2 Das Gemälde ist mit dem gemeinen Wert von 90.000,00 zu bewerten. Persönliche Verhältnisse (Liebhaberpreis) sind nicht zu berücksichtigen, § 9 (2) BewG.

3 Kapitalwert: 1.200 × 12 = 14.400,00 × 13,884[1] = 199.929,60

Fall 4

forstwirtschaftlicher Betrieb:	land- u. forstwirtschftliches Vermögen
Geschäftsgrundstück:	Grundvermögen
Holzhandlung:	Betriebsvermögen

Fall 5

Grundstücksart	2019:	unbebautes Grundstück, §§ 72 (3), 178 (1) BewG
	2020:	bebautes Grundstück, da EG benutzbar, §§ 72 (1) + 180 (1) BewG
	2021:	bebautes Grundstück (Geschäftsgrundstück, § 181 (6) BewG)

Übungen zu 7.5

1 zum L + F-Vermögen gehören:
Stallungen, Scheunen, Hoffläche, Wohnhaus, Altenteilwohnung

2

erschlossener Bauplatz:	unbebautes Grundtück; baureifes Grundstück
Grundstück, EG fertiggestellt:	bebautes Grundstück
Gebäude mit Wohnung 160 qm + Anwaltskanzlei 80 qm:	gemischt genutztes Grundstück
Grundstück mit Ruine:	unbebautes Grundstück
Grundstück mit Brücke:	unbebautes Grundstück

3

Wohn-/Nutzfläche insges.:	450 m²	= 100,00
Wohnfläche:	60 m²	= 13,33
Geschäftlich genutzt:	390 m²	= 86,67 > 80 % Geschäftsgrundstück, § 181 BewG

4 50 % Betriebsvermögen, 50 % Grundvermögen

5 55 % Betriebsvermögen, 45 % Grundvermögen

6 80 % Betriebsvermögen, 20 % Grundvermögen

---

[1] Für Bewertungsstichtage ab 01.01.2021 gilt das BMF-Schreiben vom 28.10.2020

Fall 6

Einheitswerte werden festgestellt (§ 19 BewG) für:
- Mietwohngrundstücke in Aachen und Düsseldorf
- landwirtschaftlichen Betrieb im Sauerland
- Betriebsgrundstücke, sofern Arztpraxis und Betrieb auf eigenen Grundstücken betrieben werden

Fall 7

Einheitswerte sind festzustellen für:	Feststellungsart:
– Betriebsgrundstück	01.01.2020 ggf. Art-, Wertfortschreibung
– unbebautes Grundstück	01.01.2020 Zurechnungsfortschreibung
– bebautes Grundstück	01.01.2022 Art-, Wertfortschreibung

Fall 8

Fortschreibungen:	Fortschreibungszeitpunkte:
Zurechnungsfortschreibung	01.01.2020
Art-, Wertfortschreibung	01.01.2022

Fall 9

bisheriger Wert:	15.000,00 DM (7.669,00 €)
Verkauf 10%	1.500,00 DM

Abweichung = $\frac{1}{10}$ keine Wertfortschreibung, weil Bruchteilsgrenze nicht überschritten

ebenso nicht die absolute Wertgrenze von 5.000,00 DM

Fall 10

bisheriger Wert 48.000,00 DM

davon $\frac{1}{10}$ = 4.800,00 DM

Abweichung = 12.000,00 DM > $\frac{1}{10}$ ➔ Wertfortschreibung auf 01.01.2022,

neuer EW: 30.677,00 €

durch die Baumaßnahme wird aus dem EFH ein ZFH ➔ Artfortschreibung auf 01.01.2022

Fall 11

Zurechnungsfortschreibung auf 01.01.2022

Anteile A: $\frac{3}{8}$
B: $\frac{5}{12}$
C: $\frac{1}{8}$
D: $\frac{1}{12}$

Übungen zu 7.6.1.2

1 Zurechnungsfortschreibung auf 01.01.2021
Art- und Wertfortschreibung auf 01.01.2022
Aufhebung des Einheitswerts beim Verkäufer 01.01.2021

2 Verkäufer: Wertfortschreibung zum 01.01.2021, neuer EW: 23.008,00 €

bisheriger Wert	60.000,00 DM
Verkauf $\frac{1}{4}$	15.000,00 DM
Abweichung nach unten >	5.000,00 DM

Käufer: Zurechnungsfortschreibung auf 01.01.2020

3 Artfortschreibung auf 01.01.2022
Wertfortschreibung auf 01.01.2022, neuer EW: 23.008,00 €

bisheriger Wert	40.000,00 DM
Abweichung nach oben 5.000,00 > $\frac{1}{10}$	5.000,00 DM
	45.000,00 DM : 1,95583 = 23.008,13

4 Stpfl.: Artfortschreibung (ZFH ➔ EFH) auf 01.01.2022
Wertfortschreibung auf 01.01.2021, neuer EW: 35.790,00 €

bisheriger Wert	78.000,00 DM
Abweichung nach unten > 5.000,00	8.000,00 DM
	70.000,00 DM : 1,95583 = 35.790,43

Stadt Ulm: Zurechnungs- und
Artfortschreibung auf 01.01.2022

5 Verkäufer: Aufhebung des EW auf 01.01.2022

Käufer: Zurechnungs- Art- und ggf. Wertfortschreibung auf 01.01.2022

Fall 12

Grundstückswert: 600 × 240,00 = 144.000,00

Fall 13

Jahresmiete	24.000,00 €
– 21% Bewirtschaftungskosten	5.040,00 €
Reinertrag des Grundstücks	18.960,00 €
– Bodenwertverzinsung (hier 5% vom Bodenwert 203.000,00 €)	10.150,00 €
Gebäudereinertrag	8.810,00 €
× Vervielfältiger (hier 18,93)	166.773,30 €
+ Bodenwert	203.000,00 €
Grundbesitzwert, abgerundet	369.773,00 €

Fall 14

Gebäude 800 qm × 1.260,00 € =	1.008.000,00
– 25 % Alterswertminderung	252.000,00
Gebäudesachwert	756.000,00
+ Bodenwert 2.500 qm × 220 € =	550.000,00
vorläufiger Sachwert	1.306.000,00
× 0,75 Marktanpassungsfaktor	979.500,00
Grundbesitzwert	

Übungen zu 7.7

1 Grundbesitzwert: 860 × 180,00 = 154.800,00

2 Grundbesitzwert: 320 × 220,00 = 70.400,00
Das Grundstück gilt als unbebaut. Ein Ertragswert ist nicht anzusetzen.

3

Jahresmiete	66.000,00
– 22% Bewirtschaftungskosten	14.520,00
Reinertrag des Grundstücks	51.480,00
– Bodenwertverzinsung (hier 6,5%vom Bodenwert 300.000,00 €)	19.500,00
Gebäudereinertrag	31.980,00
× Vervielfältiger (hier 13,69)	437.806,20
+ Bodenwert	300.000,00
Grundbesitz, abgerundet	737.806,00

4 140.000 (Vergleichswertverfahren)

5

Gebäudeertragswert	120.000,00
+ Bodenwert	67.200,00
Grundbesitz	187.200,00

Ansatz mit dem gemeinen Wert (Verkehrswert) **110.000,00,** § 198 BewG

Fall 15

Durchschnittsgewinn der letzten 3 Jahre	60.000,00
– Abschlag für Ertragsteueraufwand 30 %	18.000,00
vereinfachter Ertragswert	42.000,00 × 13,75 = **577.500,00**

Mindestwert § 11 (2) Satz 3 BewG:

Besitzposten:	
Grundvermögen, Grundbesitzwert	210.000,00
BGA, gemeiner Wert	96.000,00
Fuhrpark, gemeiner Wert	12.000,00
Vorräte, gemeiner Wert	54.000,00
Forderungen	25.000,00
Flüssige Mittel	18.000,00
Summe	415.000,00
Schulden	150.000,00
Substanzwert	265.000,00

Der Wert des Gewerbebetriebs ist mit dem **Ertragswert** anzusetzen.

Übung zu 7.8

Durchschnittsgewinn der letzten 3 Jahre	110.000,00 €
– Abschlag für Ertragsteueraufwand 30 %	33.000,00 €
vereinfachter Ertragswert	77.000,00 € × 13,75 = **1.058.750,00**

Mindestwert § 11 (2) Satz 3 BewG:

Besitzposten:		
Betriebsgrundstück		
Gebäude 720 qm × 1.190,00 € =	856.800,00	
– 20 % Alterswertminderung	171.360,00	
Gebäudesachwert	685.440,00	
+ Bodenwert 2.400 qm × 180 € =	432.000,00	
vorläufiger Sachwert	1.117.440,00	
× 0,8 Marktanpassungsfaktor		893.952,00
BGA, gemeiner Wert		105.000,00
Maschinen, gemeiner Wert		320.000,00
Fuhrpark, gemeiner Wert		55.400,00
Vorräte, gemeiner Wert		125.600,00
Forderungen		48.280,00
Kasse		8.720,00
Bank		24.900,00
Summe Besitzposten		1.581.852,00
– Schulden		461.870,00
Substanzwert		**1.119.982,00**

Anzusetzen ist der Substanzwert.

Aufgaben zur Wiederholung und Vertiefung

1

Wirtschaftgüter	Bewertungsmaßstab	Berechnung		Wert
Aktien	Kurswert	500 × 286	=	143.000,00
Investmentanteile	Rücknahmepreis	1000 × 26,8	=	26.800,00
Bundesschatzbriefe A	Nennwert		=	10.000,00
Pfandbriefe	Kurswert	5000 × 99,5 %	=	4.975,00
Festgeld	Nennwert			50.000,00
Sparkonto	Nennwert			4.800,00
GmbH-Anteil	gemeiner Wert			140.000,00
typische stille Bet.	Nennwert, da nicht hochverzinslich			80.000,00
Kapitallebensvers.	Nennwert, da fällig			150.000,00
Ferienhaus	gemeiner Wert			260.000,00
Briefmarkensammlung	gemeiner Wert			54.000,00

2

Wirtschaftsgüter	Vermögensart
Geschäftsguthaben	–
Honorarforderung	Betriebsvermögen
Einfamilienhaus	Grundvermögen
betrieblich genutzter Pkw	Betriebsvermögen
Wohnhaus Landwirt	land- u. forstwirt. Vermögen
Grundstück	50 % Grundvermögen, 50 % Betriebsvermögen
Forderung Handwerker	Betriebsvermögen
Zweifamilienhaus	Grundvermögen
uneinbringliche Forderung	Betriebsvermögen
Ferienhaus	Grundvermögen
Obst- und Gemüsegarten	Grundvermögen
Fondsgebundene Lebensversicherung	–

3 1. Aufstockung führt zu:
Artfortschreibung: ZFH ➔ Mietwohngrundstück
Wertfortschreibung: Abweichung vom alten EW 42.000,00 > 1/10 und mindestens 5.000,00 erfüllt, neuer EW: 56.242,00 (110.000,00 : 1,95583)

2. a) Durch die Parzellierung sind 10 wirtschaftliche Einheiten entstanden.

b) Für 9 Plätze sind Nachfeststellungen erforderlich, Einheitswert je 1.200 DM (613,00 €), da diese wirtschaftlichen Einheiten neu entstanden sind.
Für das ursprüngliche Grundstück ergibt sich eine Wertfortschreibung auf 1.200 DM (613,00 €).
Für die 8 bebauten Grundstücke sind Zurechnungs-, Art- und Wertfortschreibungen vorzunehmen.

4 1. Grundstückswert: 28,5 × 18,85 = 537,225 qm × 120,00 = 64.467,00
Der Verkehrswert ist nur anzusetzen, wenn er niedriger ist als der Grundstückswert, § 198 BewG.

2. Jahreskaltmieten

EG + 1. OG + 2. OG	51.000,00
3. OG ortsübliche Miete	12.000,00
Summe	63.000,00
– 21 % Bewirtschaftungskosten	13.230,00
Reinertrag des Grundstücks	49.770,00
– Bodenwertverzinsung (hier 6 % vom Bodenwert 235.200,00)	11.112,00
Gebäudereinertrag	38.658,00
× Vervielfältiger (hier 16,27)	628.965,66
+ Bodenwert	235.200,00
Grundbesitzwert	864.165,66

3.

Durchschnittsgewinn der letzten 3 Jahre	112.700,00	
– Abschlag für Ertragsteueraufwand 30 %	33.810,00	
vereinfachter Ertragswert	78.890,00	× 13,75 = 1.084.737,50

Mindestwert § 11 (2) Satz 3 BewG:
Besitzposten:
Grund u. Boden, Verkaufsraum, Waschhalle

Grundbesitzwert	450.000,00
Betriebsvorrichtungen	
Autowaschanlage, gemeiner Wert	90.000,00
Tankanlage mit Zapfsäulen, gemeiner Wert	160.000,00
BGA, gemeiner Wert	80.000,00
Handelswaren, gemeiner Wert	150.000,00
Forderungen	13.920,00
Summe Besitzposten	943.920,00
– Schulden	50.100,00
Substanzwert	**893.820,00**

Anzusetzen ist der **Ertragswert.**

5

Durchschnittsgewinn der letzten 3 Jahre	140.000,00	
– Abschlag für Ertragsteueraufwand 30 %	42.000,00	
vereinfachter Ertragswert	98.000,00	× 13,75 = 1.347.500,00

Mindestwert § 11 (2) Satz 3 BewG:
Besitzposten:
Betriebsgrundstück

Gebäude 800 qm × 1.260,00 € =	1.008.000,00
– 10 % Alterswertminderung	100.800,00
Gebäudesachwert	907.200,00
+ Bodenwert 1.480 qm × 145 € =	214.600,00
vorläufiger Sachwert	1.121.800,00
× 0,8 Marktanpassungsfaktor	897.440,00
BGA, gemeiner Wert	80.000,00
Maschinen, gemeiner Wert	150.000,00
Rohstoffe, gemeiner Wert	190.000,00
Forderungen	48.400,00
Guthaben bei Kreditinstituten	36.000,00
Summe Besitzposten	1.401.840,00
– Schulden	491.000,00
Substanzwert	**910.840,00**

Anzusetzen ist der **Ertragswert.**

8 Erbschaftsteuer/Schenkungsteuer

Fall 1

Schmuck:	Schenkung/freigebige Zuwendung
Barvermögen:	Erwerb von Todes wegen/Erwerb durch Erbanfall
Zahlung an Tierheim:	Erwerb von Todes wegen/Vermächtnis

Fall 2

a) Da der Erblasser kein Testament erstellt hat, in dem bestimmt ist, dass deutsches Erbrecht gelten soll, greift das spanische Erbrecht, weil der Erblasser seinen letzten gewöhnlichen Aufenthalt in Spanien hatte. Danach gehört die überlebende Ehegattin nur dann zu den gesetzlichen Erben, wenn keine Abkömmlinge und keine Vorfahren des Erblassers vorhanden sind. Die Finka erbt die Tochter. Die Ehefrau hat nach spanischem Recht nur ein Nießbrauchsrecht an der Immobilie.

b) Die Rechtsnachfolge richtet sich nach deutschem Recht.

Fall 3

	Grundvermögen	240.000,00
+	Barvermögen	40.000,00
+	Bankguthaben	86.000,00
–	Nachlassverbindlichkeiten:	
	Darlehensschulden	66.000,00
	Schulden an Krankenhaus	14.225,00
	Pauschbetrag für Kosten i. S. d. § 10 (5) Nr. 3 ErbStG	10.300,00
	Nachlasswert	275.475,00
	abgerundet § 10 (1) ErbStG	275.400,00

Übungen zu 8.4.1

1

Aktienpaket	100.000,00
Barvermögen	40.000,00
Vermögensanfall	140.000,00
– Nachlassverbindlichkeiten:	
nachgewiesene Kosten	11.250,00
Kredit Aktienpaket	30.000,00
steuerpflichtiger Erwerb	98.750,00
abgerundet	98.700,00

2

Grundvermögen:	
Bauplatz, Grundbesitzwert	148.000,00
Übriges Vermögen:	
Bargeld, Nennwert	2.500,00
Bankguthaben, Nennwert	22.000,00
Festgeld, Nennwert	15.000,00
Aktien, Kurswert	56.800,00
festverzinsliche Wertpapiere, Kurswert	39.400,00
Vermögensanfall nach Steuerwerten	283.700,00
– **Nachlassverbindlichkeiten:**	
Darlehen, Nennwert	60.000,00
Pkw-Reparatur, Nennwert	8.000,00
Girokonto, Nennwert	1.840,00
Einkommensteuerschuld, Nennwert	12.480,00
Schulden für Arzt u.a., Nennwert	3.260,00
Erbfallkosten, Pauschbetrag	**10.300,00**
Wert des Nachlasses/Bereicherung	187.820,00

Übungen zu 8.4.2

1

Wert des Grundstücks	840 × 360,00 =	302.400,00	
Ansatz: gemeiner Wert, nachweislich		250.000,00	(§ 198 BewG)

2

Jahresmiete	14.400,00
– 27 % Bewirtschaftungskosten	3.888,00
Reinertrag des Grundstücks	10.512,00
– Bodenwertverzinsung (hier 5 % vom Bodenwert 173.600,00 €)	8.680,00
Gebäudereinertrag	1.832,00
× Vervielfältiger (hier 16,37)	29.989,84
+ Bodenwert	173.600,00
Grundbesitzwert, abgerundet	203.589,00

3

a)	1.250,00	i)	9.800,00
b)	18.950,00	j)	200.000,00
c)	20.360,00	k)	30.000,00
d)	34.800,00	l)	15.750,00
e)	44.000,00	m)	30.000,00
f)	82.000,00	n)	20.000,00
g)	124.000,00	o)	10.000,00
h)	28.000,00		

4

Durchschnittsgewinn der letzten 3 Jahre	125.000,00 €
– Abschlag für Ertragsteueraufwand 30 %	37.500,00 €
vereinfachter Ertragswert	87.500,00 € × 13,75 = 1.203.125,00
Mindestwert	
Gebäudenormalherstellungswert 960 qm × 700 € =	672.000,00
– 60 % Alterswertminderung =	403.200,00
Gebäudesachwert	268.800,00
+ Bodenwert (1.200 qm × 120 €)	144.000,00
vorläufiger Sachwert	412.800,00
× 0,9 Marktanpassungsfaktor	371.520,00
BGA, gemeiner Wert	80.000,00
Maschinen, gemeiner Wert	120.000,00
Fuhrpark, gemeiner Wert	60.000,00
Rohstoffe-, Hilfs-, Betriebsstoffe, gemeiner Wert	190.000,00
Fertigerzeugnisse, gemeiner Wert	260.000,00
Forderungen	75.000,00
Flüssige Mittel	38.000,00
Summe Besitzposten	1.194.520,00
– Schulden	375.000,00
Substanzwert	819.520,00

Das Betriebsvermögen ist mit dem **Ertragswert** anzusetzen.

Fall 4

Hausrat und Wäsche	25.000,00
– Freibetrag	41.000,00
kein Ansatz	0,00

Familienschmuck	9.000,00
Pkw	6.000,00
	15.000,00
– Freibetrag	12.000,00
Ansatz	3.000,00

Übungen zu 8.5

1

EFH, steuerfrei	0,00
Bargeld	40.000,00
Gemälde	75.000,00
Hausrat	60.000,00
Pkw	10.000,00
Segelboot	30.000,00
Münzsammlung	25.000,00
Vermögensanfall	240.000,00
– Steuerbefreiungen:	
Hausrat	41.000,00
Pkw + Segelboot	12.000,00
Gemälde 60 %	45.000,00
Nachlasswert	142.000,00

b)

Wert des Gemäldes	75.000,00
– Freibetrag	45.000,00
Ansatz bei a)	30.000,00
Wert des Gemäldes	75.000,00
– Schulden	50.000,00
Ansatz bei b)	25.000,00

Der Nachlasswert würde sich um 5.000,00 verringern, wenn auf die Steuerfreiheit verzichtet würde, § 13 (3) ErbStG, R 50 ErbStR.

2

Grundvermögen:		
Eigentumswohnung; Grundbesitzwert, abzügl. 10 % Abschlag (§ 13 c (1) ErbStG)		82.800,00
übriges Vermögen:		
Sparbuch einschließlich Zinsen		12.960,00
Festversinsliche Anleihen, Kurswert		19.800,00
Hausrat, gemeiner Wert	45.000,00	
– Freibetrag	41.000,00	4.000,00
Pkw, Gemälde	132.000,00	
– Freibetrag	12.000,00	120.000,00
Wert des Vermögens		239.560,00
– Schulden:		
Darlehen (90 %, § 10 (6) ErbStG)		31.500,00
rückständige Betriebskosten		560,00
Reparatur Pkw		1.785,00
Pauschbetrag für Erbfallkosten		10.300,00
Nachlasswert/Bereicherung		195.415,00

3

Grundvermögen:		
Zweifamilienhaus; Grundbesitzwert, abzügl. 10 % Abschlag		225.000,00
übriges Vermögen:		
Festgeld inkl. Zinsen		40.200,00
Aktien, Kurswert		74.400,00
Hausrat, gemeiner Wert	80.000,00	
– Freibetrag	41.000,00	39.000,00
Porzellansammlung, gem. Wert	45.000,00	
Schmuck, gem. Wert	36.800,00	
Segelboot, gem. Wert	40.000,00	
Pkw, gem. Wert	75.000,00	
– Freibetrag	12.000,00	184.800,00
Wert des Vermögens		563.400,00
– Nachlassverbindlichkeiten		140.000,00
Nachlasswert/Bereicherung		423.400,00

Fall 5

Alle genannten Personen gehören der Steuerklasse I an.

Übung zu 8.7.2

Ehefrau	500.000,00
Sohn und Tochter je	400.000,00
Enkel und Urenkel je	200.000,00

Fall 6

	Ehefrau	Tochter
Vermögensanfall	600.000,00	600.000,00
– persönlicher Freibetrag	500.000,00	400.000,00
– Versorgungsfreibetrag (256.000,00 – 249.912,00)[1]	6.388,00	0,00
steuerpflichtiger Erwerb	93.612,00	200.000,00
abgerundet	93.600,00	

Fall 7

Kapitalvermögen	600.000,00
– persönlicher Freibetrag	400.000,00
steuerpflichtiger Erwerb	200.000,00 × 11 % = 22.000,00

Übung zu 8.7

1

stpfl. Erwerb	Steuer-klasse	Steuersatz	Steuer
a) 10.000	III	30	3.000,00
b) 45.000	II	15	6.750,00
c) 90.000	I	11	9.900,00
d) 410.000	I	15	61.500,00
e) 2.870.000	II	30	861.000,00
f) 35.300.000	I	30	10.590.000,00
g) 70.000.000	III	50	35.000.000,00

[1] Der Kapitalwert der Versorgungsbezüge beträgt bei einem Vervielfältiger von 13,884 (ab 01.01.2021) 18.000,00 × 13,884 = 249.912,00.

2

Grundvermögen:		
EFH, Hälfte des Grundbesitzwerts steuerfrei		0,00
übriges Vermögen:		
Bargeld, Bankguthaben einschließlich Zinsen		48.400,00
GmbH-Beteiligung, gemeiner Wert		300.000,00
Hausrat, gemeiner Wert	46.000,00	
– Freibetrag	41.000,00	5.000,00
Sportwagen, gemeiner Wert	50.000,00	
– Freibetrag	12.000,00	38.000,00
Wert des Vermögens		391.400,00
– Erblasserverbindlichkeiten		120.000,00
– Hypothek 50 %		0,00
– Pauschbetrag für Erbfallkosten		10.300,00
Nachlasswert/Bereicherung		261.100,00
– persönlicher Freibetrag		500.000,00
– Versorgungsfreibetrag (256.000,00 – 257.724,00 [1])		0,00
steuerpflichtiger Erwerb, abgerundet		0,00
Erbschaftsteuer		0,00

3

Grundvermögen:		
Mietwohngrundstück, Grundbesitzwerts		420.000,00
– Verschonungsabschlag 10 % =		42.000,00
		378.000,00
Betriebsvermögen:		
Gemeiner Wert	900.000,00	
– 85 % Abschlag; 13 b (4)	765.000,00	
restliches BetriebsV	135.000,00	
– Abzugsbetrag	150.000,00	
(Kürzung um 0,00)		0,00
übriges Vermögen:		
Hausrat, gemeiner Wert	60.000,00	
– Freibetrag	41.000,00	19.000,00
Pkw, gemeiner Wert	18.000,00	
– Freibetrag	12.000,00	6.000,00
Bankguthaben incl. Zinsen		50.600,00
Aktien, Kurswert		30.000,00
Investmentzertifikate, Rücknahmepreis		12.000,00
Bundesschatzbriefe B, Rückzahlungswert		15.000,00
Vermögen		510.600,00
– Schulden:		
Grundschuld (90 %)		72.000,00
Pauschbetrag für Erbfallkosten		10.300,00
Nachlasswert		428.300,00
– persönlicher Freibetrag		400.000,00
steuerpflichtiger Erwerb		28.300,00
× Steuersatz 7 % = Erbschaftsteuer		1.981,00

[1]

Jahreswert der Rente	× Vervielfältiger nach Anlage zu § 14 (1) BewG	= Kapitalwert der Rente
18.000,00	× 14,318	= 257.724,00

Fall 8

Schenkung 2013

	Barvermögen	540.000,00
–	persönlicher Freibetrag	400.000,00
	steuerpflichtiger Erwerb	140.000,00
	Steuersatz 11 % (ErbSt)	15.400,00

Erbanfall 2021

	Grundbesitzwert	180.000,00
+	Schenkung 2013	540.000,00
	Gesamtbetrag	720.000,00
–	persönlicher Freibetrag	400.000,00
	steuerpflichtiger Erwerb	320.000,00
	Steuersatz 15 % (ErbSt)	48.000,00
	anzurechnende ErbSt aus 2013	15.400,00
	festzusetzende ErbSt 2021	32.600,00

Fall 9

Erbfall Vater – Sohn

	Grundstückswert	360.000,00
+	Barvermögen	140.000,00
	Vermögensanfall	500.000,00
–	persönlicher Freibetrag	400.000,00
	steuerpflichtiger Erwerb	100.000,00
	Steuersatz 11 %	11.000,00

Erbfall Sohn – Tochter

Steuersatz	11,00 %
Minderung des Steuersatzes um 30 %	3,30 %
verminderter Steuersatz	7,70 % von 100.000,00 = 7.700,00 ErbSt

Erbfall Sohn – Tochter

	Vermögensanfall	500.000,00
–	persönlicher Freibetrag	400.000,00
	steuerpflichtiger Erwerb	100.000,00
	× 7,70 %, abgerundet	7.700,00

Aufgaben zur Wiederholung und Vertiefung

1 Grundvermögen:

Grundbesitzwert 240.000,00			
– Verschonungsabschlag 10 % von 120.000,00 [1]			= 228.000,00
Betriebsvermögen (begünstigt):		1.257.000,00	
davon 15 %	=	188.550,00	
Abschlag 150.000,00			
Kürzung 19.275,00 (50 % v. 38.550,00)		130.725,00	
steuerpflichtiges BV		57.825,00	57.825,00
Hausrat		60.000,00	
– Freibetrag		41.000,00	19.000,00
andere bewegl. körperl. Gegenstände			
Pkw		18.000,00	
Schmuck		22.500,00	
		40.500,00	
– Freibetrag		12.000,00	28.500,00
Bankguthaben + Zinsen			20.180,00
Bargeld			2.740,00
Schweizer Franken $\frac{1.800,00}{1,46}$	=		1.232,88
Wertpapierdepot 500 × 480	=		240.000,00
Ferienhaus, gemeiner Wert × 90 %	=		342.000,00
Summe			939.477,88

[1] Der Verschonungsabschlag ist nur auf den zu Wohnzwecken vermieteten Teil des Gebäudes zu gewähren.

Übertrag:			939.477,88
Nachlassverbindlichkeiten:			
Schulden für Aktien			50.000,00
rückständige Zinsen			250,00
Pauschbetrag, § 10 (5) Nr. 3			10.300,00
verbleiben			878.927,88
– Freibetrag			400.000,00
steuerpflichtiger Erwerb			478.927,88
abgerundet			478.900,00
Steuersatz 15 %			71.835,00
2 Grundvermögen:			
EFH, steuerfrei			0,00
Mietwohngrundstück:			
Jahresmiete		14.400,00	
– 29 % Bewirtschaftungskosten		4.176,00	
Reinertrag des Grundstücks		10.224,00	
– Bodenwertverzinsung (hier 5 % vom Bodenwert 97.200,00 €)		4.860,00	
Gebäudereinertrag		5.364,00	
× Vervielfältiger (hier 5,08)		27.249,12	
+ Bodenwert		97.200,00	
Grundbesitzwert, abgerundet		124.449,12	
– 10 % Abschlag		12.444,91	112.004,21
Betriebsvermögen:			
Besitzposten			
Einrichtung, gemeiner Wert		90.000,00	
Pkw, Privatvermögen		0,00	
Honorarforderungen – uneinbringl. Forderung § 12 (1) + 12 (2) BewG		47.800,00	
Bankguthaben		11.320,00	
Rohbetriebsvermögen		149.120,00	
Schuldposten:			
Sonstige Verbindlichkeiten		15.120,00	
Reinbetriebsvermögen		134.000,00	
– Abschlag 85 %		113.900,00	
		20.100,00	< 150.000,00
übriges Vermögen:			0,00
Wertpapierdepot 175.000,00 × 101,5 % =			177.625,00
Stückzinsen			2.250,00
Gemäldesammlung, gemeiner Wert	220.000,00		
Pkw	18.000,00		
	238.000,00		
– Freibetrag, § 13 (1) Nr. 1 b ErbStG	12.000,00		226.000,00
Zwischensumme			517.879,21

Übertrag:		545.685,50	
Nachlassverbindlichkeiten:			
Hypothekenschuld		0,00	
Darlehenszinsen		0,00	
Bestattungskosten		8.000,00	
Grabdenkmal		4.000,00	
Nachlassregelung		4.500,00	
			16.500,00
verbleiben			501.379,21
– Freibetrag, § 16 ErbStG			500.000,00
– Freibetrag, § 17 ErbStG	256.000,00		
abzügl. Kapitalwert der Pension (18.000,00 × 13,884)	249.912,00		= 6.388,00
steuerpflichtiger Erwerb, abgerundet			0,00
ErbSt			0,00

Erschaftsteuer für den Neffen

fälliger Anspruch aus der Lebensversicherung	200.000,00
– Freibetrag, § 16 ErbStG	20.000,00
steuerpflichtiger Erwerb	180.000,00
× Steuersatz 30 % = ErbSt	54.000,00

3

Vermögen		
Landwirtschaftliches Vermögen		800.000,00
– 85 % Abschlag, § 13 b (4)		680.000,00
restliches begünstigtes Vermögen		120.000,00
Abzugsbetrag	150.000,00	
Kürzung um	0,00	150.000,00

Mietwohngrundstück, Grundbesitzwert	240.000,00 – 10 % =	216.000,00
Bargeld und Guthaben einschließlich Zinsen		147.850,00
Wertpapierdepot:		
Aktien 200 × 120,00 =		24.000,00
festverzinsliche Wertpapiere	90.000,00 × 102 % =	91.800,00
Stückzinsen		750,00
Hausrat, gemeiner Wert	30.000,00 – Freibetrag 41.000,00 =	0,00
Pkw, gemeiner Wert	25.000,00 – Freibetrag 12.000,00 =	13.000,00
Zwischensumme		493.400,00

Übertrag:		493.400,00
Schulden		
– Hypothekenschuld (90%)		54.000,00
– Pauschbetrag für Beerdigungskosten § 10 (5) Nr. 3		10.300,00
verbleiben		429.100,00
– persönlicher Freibetrag § 16		500.000,00
– Versorgungsfreibetrag § 17	256.000,00	
– Kapitalwert der Rente 9.600,00 × 12,580 =	120.768,00	135.232,00
steuerpflichtiger Erwerb		0,00
Erbschaftsteuer		0,00

4

Zugewinnausgleich:	Herr Sch.	Frau Sch.	
Anfangsvermögen	400.000,00	100.000,00	
Endvermögen	1.200.000,00	300.000,00	
Mehrvermögen	800.000,00	200.000,00	(= Verkehrswerte)

Ausgleichsforderung von Frau Sch.	800.000,00	
	– 200.000,00	
	600.000,00	
davon $\frac{1}{2}$	**300.000,00**	
Vermögen		
Geschäftsgrundstück	780.000,00	
Bankguthaben	120.000,00	
Wertpapierdepot	180.000,00	
Steuerwert des Nachlasses § 5	1.080.000,00	
Schulden	84.600,00	
Nachlassverbindlichkeiten		
Bestattung	7.000,00	
Grabpflegekosten 750 × 9,3 =	6.975,00	(§ 13 (2) BewG; Aufwendungen von unbestimmter Dauer werden mit dem 9,3fachen des Jahreswerts berechnet)
verbleiben	981.425,00	

Berechnung der Zugewinnausgleichsforderung:

$$\frac{\text{Ausgleichsforderung} \times \text{Steuerwert des Nachlasses}}{\text{Verkehrswert des Nachlasses}} = \frac{300.000{,}00 \times 1.080.000{,}00}{1.200.000{,}00} = 270.000{,}00$$

Berechnung des steuerpflichtigen Erwerbs	981.425,00
– Zugewinnausgleichsforderung	270.000,00
– persönlicher Freibetrag	500.000,00
– Versorgungsfreibetrag	256.000,00
steuerpflichtiger Erwerb	0,00
Erbschaftsteuer	0,00

Allgemeine Jahreslohnsteuertabelle 2021

Arbeitslohn	Stkl.	LohnSt.	kein Kinderfreibetrag KiSt 8%
14.600,00	I	154,00	12,32
	III	–	–
	V	1.501,00	120,80
20.640,00	I	1.303,00	104,24
	III	–	–
	V	3.656,00	292,48
29.320,00	I	3.200,00	256,00
	III	586,00	46,88
	V	6.470,00	517,60

Allgemeine Monatslohnsteuertabelle 2021

Arbeitslohn	Stkl.	LohnSt.	kein Kinderfreibetrag KiSt 8%
325,00	I	–	–
	III	–	–
	V	24,50	1,96
	VI	36,58	2,92
600,00	I	–	–
	III	–	–
	V	55,50	4,44
	VI	67,66	5,41
920,00	I	–	–
	III	–	–
	V	91,58	7,32
	VI	103,75	8,30
1.105,00 FB 120,00	I	–	–
	III	–	–
	V	99,00	7,92
	VI	111,08	8,88

Allgemeine Monatslohnsteuertabelle 2021

Arbeitslohn	Stkl.	LohnSt.	KiSt 8%
1.170,00 FB 90,00 KFB 1,0	I II III	– – –	– – –
1.735,00 KFB 1,5	I II III	111,16 73,50 –	– – –
1.835,00 KFB 1,0	I II III	131,83 93,75 –	– – –
2.630,00 KFB 2,0	I II III	308,41 265,75 81,16	– – –
3.205,00 KFB 2,0	I II III	449,83 404,00 189,50	5,53 2,98 –
4.445,00 KFB 0,5	I II III	793,83 741,25 453,33	53,70 49,71 28,88

Steuerklassenwahl bei Ehegatten/Lebenspartnern, die beide Arbeitnehmer sind, für das Jahr 2021

Für die Ermittlung der Lohnsteuer sind zwei Tabellen zur Steuerklassenwahl aufgestellt worden.

- Die **Tabelle I** ist zu benutzen, wenn der höher verdienende Ehegatte/Lebenspartner **in allen Zweigen sozialversichert** ist (z. B. auch bei Pflichtversicherung in der gesetzlichen Rentenversicherung und freiwilliger Versicherung in der gesetzlichen Kranken- und sozialen Pflegeversicherung).
- Die **Tabelle II** ist zu benutzen, wenn der höher verdienende Ehegatte/Lebenspartner **in keinem Zweig sozialversichert** ist und keinen steuerfreien Zuschuss des Arbeitgebers zur Kranken- und Pflegeversicherung erhält (z. B. privat krankenversicherte Beamte).

Ist einer der Ehegatten/Lebenspartner nicht in allen Zweigen sozialversichert (z. B. rentenversicherungspflichtiger, privat krankenversicherter Arbeitnehmer) oder einer der Ehegatten/Lebenspartner in keinem Zweig sozialversichert, jedoch zuschussberechtigt (z. B. nicht rentenversicherungspflichtiger, privat krankenversicherter Arbeitnehmer mit steuerfreiem Zuschuss des Arbeitgebers zur Kranken- und Pflegeversicherung), kann die Anwendung der Tabellen zu **unzutreffenden Ergebnissen** führen. Dies gilt auch, wenn bei einem gesetzlich krankenversicherten AN der kassenindividuelle Zusatzbeitrag, z. B. 1,1 %, vom durchschnittlichen Zusatzbeitrag von 1,3 % abweicht oder in der Pflegeversicherung ein Beitragszuschlag zu zahlen ist oder der/die Arbeitnehmer*in in Sachsen beschäftigt ist. Beide Tabellen gehen vom monatlichen Arbeitslohn A*) des höher verdienenden Ehegatten/Lebenspartners aus. Dazu wird jeweils der monatliche Arbeitslon B*) des geringer verdienenden Ehegatten/Lebenspartners angegeben, der **bei einer Steuerklassenkombination III (für den höher verdienenden Ehegatten/Lebenspartner) und V (für den geringer verdienenden Ehegatten/Lebenspartner) nicht überschritten werden darf,** wenn der geringste Lohnsteuerabzug erreicht werden soll. Die Spalten 2 und 5 sind maßgebend, wenn der geringer verdienende Ehegatte/Lebenspartner in allen Zweigen sozialversichert ist; ist der geringer verdienende Ehegatte in keinem Zweig sozialversichert und hat keinen Zuschuss des Arbeitgebers zur Kranken- und Pflegeversicherung erhalten, sind die Spalten 3 und 6 maßgebend. Übersteigt der monatliche Arbeitslohn des geringer verdienenden Ehegatten/Lebenspartners den nach den Spalten 2, 3 oder 5 und 6 der Tabellen in Betracht kommenden Betrag, **so führt die Steuerklassenkombination IV/IV für die Ehegatten/Lebenspartner zu einem geringeren oder zumindest nicht höheren Lohnsteuerabzug** als die Steuerklassenkombination III/V.

Tabelle I: bei **Sozialversicherungspflicht** des höher verdienenden Ehegatten/Lebenspartners

Monatlicher Arbeitslohn A*) in €	Monatlicher Arbeitslohn B*) in € bei … des geringer verdienenden Ehegatten/Lebenspartners		Monatlicher Arbeitslohn A*) in €	Monatlicher Arbeitslohn B*) in € bei … des geringer verdienenden Ehegatten/Lebenspartners	
	Sozialversicherungspflicht	Sozialversicherungsfreiheit		Sozialversicherungspflicht	Sozialversicherungsfreiheit
1	2	3	4	5	6
1.250	248	226	3.600	2.575	2.295
1.300	308	281	3.650	2.611	2.325
1.350	379	345	3.700	2.645	2.354
1.400	457	416	3.750	2.681	2.384
1.450	539	491	3.800	2.717	2.415
1.500	627	571	3.850	2.752	2.444
1.550	718	654	3.900	2.787	2.473
1.600	815	742	3.950	2.823	2.502
1.650	913	832	4.000	2.860	2.531
1.700	1.014	924	4.050	2.894	2.561
1.750	1.109	1.011	4.100	2.929	2.590
1.800	1.329	1.212	4.150	2.965	2.621
1.850	1.377	1.263	4.200	2.999	2.648
1.900	1.428	1.316	4.250	3.035	2.677
1.950	1.482	1.366	4.300	3.072	2.708
2.000	1.539	1.419	4.350	3.109	2.739
2.050	1.602	1.477	4.400	3.148	2.771
2.100	1.667	1.537	4.450	3.187	2.803
2.150	1.716	1.582	4.500	3.227	2.837
2.200	1.745	1.607	4.550	3.269	2.872
2.250	1.773	1.630	4.600	3.311	2.907
2.300	1.801	1.653	4.650	3.357	2.945
2.350	1.827	1.675	4.700	3.400	2.981
2.400	1.853	1.696	4.750	3.446	3.019
2.450	1.877	1.716	4.800	3.494	3.059
2.500	1.902	1.737	4.850	3.544	3.100
2.550	1.923	1.755	4.900	3.600	3.147
2.600	1.945	1.773	4.950	3.659	3.196
2.650	1.965	1.789	5.000	3.721	3.247
2.700	1.984	1.805	5.050	3.785	3.299
2.750	2.005	1.822	5.100	3.850	3.353
2.800	2.029	1.843	5.150	3.921	3.412
2.850	2.053	1.863	5.200	3.991	3.472
2.900	2.076	1.881	5.250	4.066	3.534
2.950	2.110	1.910	5.300	4.148	3.602
3.000	2.147	1.941	5.350	4.230	3.670
3.050	2.187	1.974	5.400	4.325	3.747
3.100	2.221	2.003	5.450	4.418	3.825
3.150	2.257	2.033	5.500	4.522	3.912
3.200	2.293	2.062	5.550	4.639	4.008
3.250	2.327	2.091	5.600	4.760	4.111
3.300	2.361	2.119	5.650	4.900	4.233
3.350	2.396	2.148	5.700	5.050	4.372
3.400	2.433	2.179	5.750	5.250	4.553
3.450	2.469	2.209	5.800	5.582	4.861
3.500	2.505	2.238	5.850	–	–
3.550	2.540	2.268	5.900	–	–

*) Nach Abzug etwaiger Freibeträge

Tabelle II: bei **Sozialversicherungsfreiheit** des höher verdienenden Ehegatten/Lebenspartners

Monatlicher Arbeitslohn A*) in €	Monatlicher Arbeitslohn B*) in € bei … des geringer verdienenden Ehegatten/Lebenspartners		Monatlicher Arbeitslohn A*) in €	Monatlicher Arbeitslohn B*) in € bei … des geringer verdienenden Ehegatten/Lebenspartners	
	Sozialversicherungspflicht	Sozialversicherungsfreiheit		Sozialversicherungspflicht	Sozialversicherungsfreiheit
1	2	3	4	5	6
1.250	402	366	3.050	2.752	2.444
1.300	478	435	3.100	2.791	2.475
1.350	564	514	3.150	2.833	2.510
1.400	660	602	3.200	2.873	2.543
1.450	762	694	3.250	2.912	2.576
1.500	868	791	3.300	2.952	2.609
1.550	976	890	3.350	2.992	2.643
1.600	1.085	989	3.400	3.033	2.676
1.650	1.326	1.210	3.450	3.075	2.711
1.700	1.384	1.270	3.500	3.116	2.746
1.750	1.446	1.333	3.550	3.161	2.783
1.800	1.513	1.395	3.600	3.206	2.820
1.850	1.586	1.462	3.650	3.254	2.859
1.900	1.665	1.535	3.700	3.305	2.899
1.950	1.745	1.606	3.750	3.354	2.942
2.000	1.792	1.645	3.800	3.404	2.983
2.050	1.840	1.686	3.850	3.458	3.028
2.100	1.886	1.723	3.900	3.513	3.074
2.150	1.926	1.757	3.950	3.570	3.122
2.200	1.967	1.791	4.000	3.632	3.172
2.250	2.005	1.822	4.050	3.692	3.222
2.300	2.043	1.854	4.100	3.758	3.277
2.350	2.081	1.885	4.150	3.825	3.334
2.400	2.145	1.939	4.200	3.897	3.393
2.450	2.207	1.990	4.250	3.972	3.456
2.500	2.268	2.042	4.300	4.050	3.520
2.550	2.325	2.088	4.350	4.133	3.589
2.600	2.379	2.132	4.400	4.220	3.661
2.650	2.427	2.174	4.450	4.315	3.742
2.700	2.474	2.210	4.500	4.415	3.822
2.750	2.516	2.247	4.550	4.523	3.914
2.800	2.558	2.280	4.600	–	4.015
2.850	2.593	2.312	4.650	–	4.125
2.900	2.635	2.345	4.700	–	4.252
2.950	2.674	2.379	4.750	–	4.410
3.000	2.713	2.412	4.800	–	4.616

*) Nach Abzug etwaiger Freibeträge